육아가
한 편의 시라면
좋겠지만

육아가
한 편의 시라면
좋겠지만

전지민 지음

비타북스

들어가는 글

그래도 육아는,
한 편의 시보다 감동이야

동네 도시락 가게 사장님이 개업 선물이라며 손님들에게 장미꽃을 한 송이씩 나눠줬다. 전화번호와 상호명이 수놓아진 수건을 받았을 때보다 더 기분이 좋았다. 딸만 넷이라는 사장님은 갈 때마다 막내딸이 나은이와 같은 해에 태어나 더 반갑다고 말했다.

"애들 친구가 결국 엄마 친구죠. 그렇지요?"

육아가 유난히 힘든 날, 남이 해준 밥이 먹고 싶어지면 나는 나은이와 그 도시락 가게를 찾았다. 아이 넷을 열심히 먹여 키운 엄마가 지어준 밥 한 끼를 먹고 나면 나도 어쩐지 기운이 다시 나는 것 같았다. 그녀가 김밥을 말면서 들려주는 인생 얘기는 권위적이지도 식상하지도 않았다. 사느라 바빠서 기록하지 못했을 뿐 혼자 듣기 아까운 한 여자의 생이었다.

내가 육아를 경험하지 않았더라면 그 얘기의 행간을 읽을 수 있었을까? 그녀의 말에 과연 귀 기울였을까? 도시락 가게 사장님을 비롯해 여기 시골 동네에서 만난 수많은 엄마들은 내가 상상한 이미지의 아줌마가 아닌 제각각 환히 빛나는 자기만의 이야기를 가진 아이가 있는 여자들이었다. 자기 이름 대신 아이의 이름으로 더 자주 불리지만 우리는 어느새 각자의 일기장을 보여줘도 아깝지 않은 친구가 되었다.

처음 아이를 낳고 화천으로 막 돌아왔을 무렵, 나는 아기와 남편 외에 다른 사람들을 거의 만나지 않았다. 이상하게 그때는 육아에 근거 없는 자신감을 가지고 있었던 터라 스스로도 감동 육아 전도사가 될 수 있을 것이라 굳게 믿었다. 지금 생각해보면 그것은 자만이었다. 사람을 키우는 일은 혼자만의 굳은 신념으로 되는 게 아니었다. 부모 세대의 잔소리, 아이와 나의 기질 차이를 인정하는 과정, 아빠의 육아 참여도, 함께 공감하고 의지할 수 있는 좋은 이웃사촌의 존재까지 다 더해졌을 때 비로소 감동이 뒤따라왔다.

엎드려 기어 다니던 녀석이 나무처럼 서서 걸어온다. 걷기만 하는 것이 아니라 주변을 둘러보고 느낀 점도 말한다. 아이가 쏟아내는 모든 말이 시 같다는 생각을 한다. 가르친 적도 없는 기막힌 표현을 늘어놓을 때면 그 모든 말을 기록하고 싶다. 하지만 설거지를 하면서, 아이를 씻기고 청소기를 돌리면서, 잠시 앉아 숨을 고르면서 귀한 말들이 줄줄 흘러가 버린다. 찰나의 모습을 누군가 대신 기록해주면 좋을 텐데.

'육아가 한 편의 시라면 좋겠지만…'

이런 생각을 하고 있을 때 나은이가 금세 몸 위로 올라타 얼굴을 바짝 들이민다. 가슴에 얼굴을 부비더니 갑자기 내 팔과 어깨를 작은 두 손으로 열심히 주무르기 시작한다. 닥터 피시처럼 근육이 아닌 살 껍데기만 간신히 잡았다 놓았다 하면서 안마를 해주는데 마음이 다 간지럽다.

'그래도 육아는, 한 편의 시보다 감동이야.'

아이는 점점 뒤꿈치에 힘이 실리고 자신의 무게를 자랑하려는 듯 속도를 실어 달린다. 사물의 중력을 깨달은 것처럼 물건을 떨어뜨리며 웃는 동안 나는 잠시 몸에 힘을 빼고 누운 채 생각을 정리한다. 내 글도 다른 엄마들에게 친한 친구의 일기장 같았으면 좋겠다는 생각.

훔쳐보는 게 공공연하게 허락된 노트는 언제 꺼내 읽어도 재미있다. 아이를 기다리는 사람, 치열하게 육아 중인 엄마나 아빠, 설령 아이 계획이 없는 사람일지라도 내가 적은 이 4년간의 기록을 읽으며 지나온 자기 삶을 되돌아볼 수 있으면 좋겠다. 자신이 어떤 사랑을 받고 어떻게 자라 온 사람인지를 되새기면서.

**2020년 봄을 기다리며 나온이 엄마,
지민 드림**

추천의 글

서툴렀지만 아이만큼이나
예뻤던 나를 떠올리며

 두 아이의 엄마인 나는 원래 아이와 잘 어울리는 사람이 아니었다. 아이를 마주하면 어찌해야 할지 몰라 외면을 했던 어른이었고, 임신과 출산의 과정을 거치는 중에도 가장 중요한 건 나였다. 아이를 낳고도 일을 한답시고 육아에는 뒷전이었다.

 그렇게 시간이 지나면서 아이는 엄마에게 신호를 보내기 시작했다. 지금 내가 얼마나 예쁜지 아냐고, 나를 좀 봐달라고. 다른 사람은 감당할 수 없는 아이 덕분에 꼼짝없이 아이와 시간을 보내게 되었다. 아이가 세 살이었고 겨울이 시작될 무렵이었다.

 그전보다 우린 더 많은 시간을 보낸 것뿐인데 아이는 점점 안정감을 찾았고, 나도 아이를 통해 삶의 균형을 맞춰가기 시작했다. 육아와 일을 함께 해나가는 것이 점점 익숙해졌다. 물론 일과 육아 중에 하나를 택하라면 여전히 그러지 못한다. 오늘도 일과 육아의 균형을 맞추려 덜어내고 더해가며 중심을 맞추고 있다.

나은이의 네 살까지의 이야기를 보고 있자니 나와 아이가 함께 서로를 마음으로 안아주던 그때가 생각났다. 빛났던 아이와 그 옆에 있던 나, 하지만 열심히 기록하지 못해 듬성듬성 기억하는 것이 전부이다.

잊지 않고 기억해야지 마음먹었던 순간들은 적어둬야 한다. 그것만이 유일하게 내 기억을 꽁꽁 붙잡을 수 있는 방법이다. 나은이의 사계절을 한 권의 책으로 엮은 전지민은 기억을 잘 붙잡는 사람이다. 그녀는 자라는 아이가 예쁘고 그 옆에 있는 엄마인 자신도 예쁘다고 말한다. 아이의 말에 웃고 울고 싸우고 화해하던, 서툴렀지만 아이만큼이나 예뻤던 나를 떠올리게 된다.

「어라운드」「위 매거진」을 만드는
김이경 편집장

내가 보낸 시간보다
더 나은 시간을 주고 싶은 마음

    이 책을 읽는 동안 한 존재를 키우는 일에 대해 자주 생각했다. 아이가 양말처럼 신던 신발에 처음 흙이 묻은 날을 기억하는 일, 점점 살이 오르는 아이의 무게를 감싸 안은 두 팔로 느끼는 일, 저만치 달려가는 뒷모습을 보며 내 바통을 건네받은 듯한 아이의 미래를 그려보는 일.

    겪어본 적 없는 시간을 짐작하며 자주 뭉클해진 이유는 나 또한 한때의 무게와 뒷모습을 부모에게 남기며 자라왔음을 떠올렸기 때문이다. 무엇이든 잘 먹는 기특한 네 살의 나은이를 보며, 유아 거식증을 앓았던 자신에게 한 숟갈이라도 더 먹이고 싶어 부엌에서 엉엉 울었다던 그녀의 어머니를 떠올리는 작가의 마음처럼. 그렇게 우리는 누군가의 자식이었던 기억을 안고 누군가의 부모가 된다.

물론 우리에게 남은 부모의 기억이 사랑만은 아닐 수 있다. 학창시절 부모의 이혼과 어머니의 부재가 작가에게 남긴 결핍을 나은이에게 보여주게 될까 봐 두려워하는 것처럼. 그럼에도 지민 작가는 그 시간을 고백하고 나아간다. 부모를 이해하고 용기를 낸다. 그녀는 육아란 미처 다 자라지 못한 자기 자신을 함께 기르는 일인 것 같다고 말했다. 이 책에서 얻은 힌트를 보태자면 내가 보낸 시간보다 더 나은 시간을 아이에게 주고 싶은 마음. 지민 작가의 육아는 그 마음이 하는 모든 일이라는 생각이 든다. 작가가 보여준 힌트가 내게도 용기가 됐다.

이 책에서 가장 좋아하는 장면은 나은이를 품에 안은 지민 작가가 앞서 걷는 엄마의 파마머리 위로 떨어지는 봄볕을 바라보는 모습이다. 그 순간 지민 작가와 나은이 머리에도 같은 볕이 내렸으리라. 언젠가 훌쩍 자란 나은이가 지민 작가의 뒷모습을 그렇게 바라보는 날도 있을 것이다. 책을 읽는 동안 여러 번 봄볕을 맞는 듯했다.

『나의 두 사람』『작별 인사는 아직이에요』를 지은
김달님 작가

들어가는 글 그래도 육아는, 한 편의 시보다 감동이야
추천의 글 김이경 편집장, 김달님 작가

이야기 하나

둘에서 셋으로

20 '희봄, 나은'
아기가 태어났다

28 하루하루 모여 백일
한없는 세계, 너로 인해 겸손해지는 날들

34 내 손을 잡아주던 소년에게
그냥 이렇게 앉아 있고 싶었어

40 겨울 이삿날
그린마인드로 가는 길

50 붙잡을 나(拏), 웃을 은(听)
되게 웃기는 아이가 태어났으면 해

56 '새 책 줄게, 헌 옷 다오' 프로젝트
없이 키우기, 책으로 키우기

62 초보 엄마의 신고식
아가야, 무사히 오고 있는 거지?

68 '엄마'라는 베이스캠프
비우는 마음을 배웁니다

76 첫 어린이날, 첫 어른날
우리는 그렇게 어른이 된다

이야기 둘

초록
읽어주는 엄마

90	겨울바람을 곱씹는 산책	**첫눈이 내린다**
96	참견이 아닌 너른 마음	**할머니의 오지랖**
102	오물오물, 냠냠	**대신 먹어드립니다**
108	집밖으로 여행	**아기 셋, 엄마 셋! 오키나와로**
116	나이면서 내가 아닌 존재에게	**초록 읽어주는 엄마, 그린도슨트**
124	유년의 집, 강남주택	**떠올리면 여전히 따뜻한**
130	바닥의 계절, 추분(秋分)	**행복의 둘레를 넓혀간다**
136	봄철 풀도 한 떨기 꽃처럼	**제비들의 맘마, 맘마, 엄마**
144	추억을 선물하는 시간	**바람아, 씻어줘서 고마워**

이야기 셋

나쁜
날씨는 없다

156	엄마표 계절 놀이 **단 한 번도 같은 날씨가 아니라서**
164	디지털 디톡스 육아 **완벽한 심심함이 주는 지혜**
170	반짝반짝 나은 말 **아이는 부모의 마음을 읽는다**
176	흙, 바람, 나무를 만나러 가는 길 **세발자전거와 수선화**
184	나쁜 날씨는 없다 **달 샤베트를 떠먹는 여름**
190	낭만적이고 다정한 **도깨비의 아버지들**
196	아이와 단둘이 제주살이 **일상의 일부를 떼어내다**
208	나은나무, 은행나무 **1년 동안 수고했습니다**

이야기 넷

토끼랑
지구 여행

218	내 마음을 위한 처방전 "비어 있다는 건 슬픈 건가요?"
226	미숫가루 육아 결국에는 고소하고 든든해질 맛
236	여물어간다는 건 물러지고 달달해지는 일
242	아버지의 첫 비행 나무는 무엇을 위해 버티고 살았을까
250	모두가 잠든 계절 세상에서 가장 큰 눈사람을 만들었다
256	엄마가 딱 너만 할 때 살았던 집 해안가 앞 작은 뜰에서
262	선한 영향력을 주고받는 관계 아이의 친구, 엄마의 친구
272	메르시Merci, 나은 우리는 각자 다른 이유로 파리를 동경한다
288	호랑이보다 반가운 여름 손님 국적과 나이가 달라도 우리는 친구입니다

마치는 글 내 바통을 건네받아 이어달리기를 하는 아이
못다 한 이야기 우리가 가장 아름다웠던 날들

이야기
하나

둘에서
셋으로

이야기 하나

들에서 샛으로

01   '희봄, 나은'
아기가 태어났다

아주 뜨겁게 불타오르는 달집 안으로
나도 소원을 적어 던지며
순산과 가족의 건강을 빌었다.

친정은 딸의 물건의 종착역이다. 운행이 멈춘 낡은 열차의 종점처럼 딸의 생애가 담긴 모든 물건이 거기에 모여 있다. 입고 나갈 옷이 없어 엄마 서랍을 열면 대학 새내기 때 입던 니트가 나오고 버리기엔 아깝지만 이미 유행이 지난 원피스도 얼굴을 내민다. 더는 내 취향이 아닌 액세서리나 가방, 파우치들도 수두룩하다. 몇 번 바르다 건네준 유통기한이 한참 지난 립스틱이나 딸 올 때 한두 번이라도 더 신으라고 여직 버리지 못한 운동화를 볼 때면 나는 그 집에 여전히 살고 있는 사람처럼 느껴진다. 자식을 떠나보내도 늘 함께 사는 부모. 독립 후 좁은 내 공간에 둘 수가 없어서 엄마에게 하나 둘 맡겼을 뿐인데, 부모는 그것을 자식이 준 것이라며 버리지도 못하고 몽땅 껴안고 있다.

출산 예정일이 2주 앞으로 다가와 아이를 낳으러 경주 친정에 내려왔다. 그러나 엄마가 부재중이다. 엄마가 없는 친정, 그 덕에 조용히 엄마의 서랍을 하나씩 살피다 눈물이 났다. 2016년 2월, 그 무렵 전국에는 독감 환자가 기록적으로 늘고 있었다. 친정엄마는 생애 첫 독감에 걸렸고 지지부진 앓다가 마침내 폐렴에 걸렸다. 아픈 엄마는 입원실에 누워서도 계속 눈물바람을 했다.

"하필 이때 아파서 엄마가 산바라지도 못해주고 이게 뭔

일이고. 너무 가까이 오지 마라, 옮을라."

나는 둥근 배를 자랑처럼 들이밀며 엄마를 위로했다.

"나 대신 미리 다 아파주네. 나 완전 씩씩하니까 아무 걱정 마요."

마스크 너머로 엄마의 옅은 미소가 보이는 듯했다.

하늘이 무너져도 솟아날 구멍은 있다고 했던가. 친정엄마의 부재를 채워준 사람은 다름 아닌 대학 동창 보민이와 그녀의 어머니였다. 마침 울산에 계셨던 친구 부모님이 정년퇴직 후 경주로 거처를 옮기셨는데, 신기하게도 친정엄마가 사는 동네로 이사를 오신 것이다.

영국에서 공부 중이던 보민이는 혼자 출산을 하러 가야 하는 나의 사정을 듣고 일정을 앞당겨 귀국했다. 당시 나는 혼자 있을 때 문득문득 찾아오는 가진통이 당장이라도 출산으로 이어질 것만 같아서 두려운 상태였다. 보민이는 강원도에서 근무 중인 남편을 대신해 나를 가까이에서 다독이겠다며 선뜻 자신의 부모님 댁으로 만삭의 산모를 들였다.

대학 시절 이후로 오랜만에 뵙는 친구 부모님 앞에 만삭인 모습으로 등장하려니 조금 쑥스러웠다. 아직 시집도 안 간 딸의 부모는 임신한 딸의 친구를 조심스럽게, 그러면서도 편안하게 대해주셨다. 그날은 정월대보름이었다. 함께 저녁을 먹고 난 후 우리는 달집태우기 행사를 보러 갔다. 그 날 밤 나와 뱃속 희봄(나은이의 태명)이를 위해 친구와 그의 부모님은 달님에게 순산을 기원하는 기도를 올렸다. 아주 뜨겁게 불타오르는 달집 안으로 소원을 적어 던지며 나도 순산과 가족의 건강을 빌었다.

달님이 나의 소원을 들어준 것일까? 진통의 간격이 잦아든 새벽, 나는 침착하게 진통 간격을 체크했다. 엄마의 진통을 아이도 함께 겪는다는 글을 보았기 때문인지 아이가 겪을 고통을 생각하면 내 진통은 참을 만한 아픔이었다. 어쩌면 밀려오는 통증보다 가족의 응원 없이 아이를 낳아야 한다는 서러움이 더 커서 그랬는지도 모른다. 서러움은 곧 당찬 각오로 바뀌었다.

'아가야 우리 함께 힘을 내자! 엄마도 마음 단단히 먹었어! 나는 너를 야무지게 낳고 품에 안을 거야!'

진통의 간격은 더욱 좁아졌고 새벽 4시 반, 더 이상 고통을 참을 수 없어 분만실을 찾았다. 벌써 출산이 70% 진행되었다고 했다. 초산인데 이렇게 진행될 동안 잘 참았다며 의

아기 눈하나

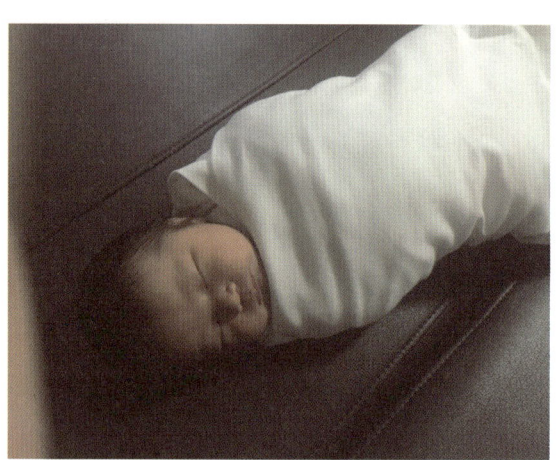

사 선생님이 다독여주셨다. 그때부터 친구와 친구 어머니는 내 곁에 앉아 열심히 나의 팔을 주무르고 손을 잡아줬다. 같이 호흡해주시던 어머님이 말씀하셨다.

"지민아 엄마가 눈물이 다 난다. 힘들면 참지 말고 말하고 옆에 우리가 있으니 걱정 말아라."

"기지배, 나는 너 진짜 다시 봤어. 어쩜 진통하는데 소리 한번 안 지르니? 호흡해, 호흡!"

나는 친구의 말을 듣고 짧게 웃고 오래 진통했다. 분만실에 앉아 있는 친구와 친구의 부모님이 가족처럼 느껴졌다. 금방이라도 출산을 끝낼 수 있을 것 같았지만 아이는 쉽게 내려오지 않았다. 시간은 점점 흘러 아침이 되었다. 무통주사도 없이 진통을 견딘 지 일곱 시간쯤 지났을까? 저 멀리 마스크 두 장을 겹쳐 낀 엄마가 환자복 차림으로 울먹이며 달려오고 있었다. 정신이 아득해 꿈을 꾸는 것 같았다.

"내 새끼, 아이고 내 새끼. 엄마가 미안하다 늦어서. 의사 선생님 허락받고 병원 문 열자마자 바로 달려왔어. 선생님 잘 부탁드립니다. 늦어서 너무 죄송합니다."

여태 외할머니를 기다렸다는 듯 희봄이가 한 번 더 세게 꿈틀거렸다. 아이는 그제야 세상 밖으로 나와 첫 울음을 터뜨렸다. 너무 우렁차게 울어서 건물이 터질 것만 같았다. 엄마는 마스크를 낀 환자복 차림으로 아이의 탯줄을 잘랐다. 오전 11시 10분, 그 자리에 있던 우리는 모두 웃으면서 눈물을 흘렸다.

막 태어난 아기는 울면서도 젖을 찾아 먹는다. 젖을 무는 아이를 보겠다고 나는 한참을 고개 숙인다. 친정엄마도 그런 나와 아기를 보려고 더 깊이 고개를 수그렸다. 엄마는 늘 고개를 숙이는 사람이었다. 세상을 향해 늘 "잘 부탁합니다" 하며 인사를 보내는 사람, 마음 놓고 아플 수도 없는 사람. 그날따라 엄마 목에 진 겹겹의 주름이 유난히 눈에 들어왔다. 아름다운 주름선이다. "엄마, 나 낳아줘서 고마워요."

산후조리원에서 무사히 몸조리를 마치고 화천 집으로 돌아가는 날 아침, 엄마는 내게 아기를 건네다가 울상을 지었다. 엄마는 내가 대학생 때 집에 벗어두고 간 보풀 핀 빨간 니트를 입고 있었다.

"엄마, 제발 이 옷 좀 버려요."

엄마는 아랑곳 않고 아이를 건네받은 내 손목에 도드라지게 올라온 핏줄 한 번, 푸석한 얼굴을 한 번 쳐다봤다. 그리고 그 자리에서 아이처럼 엉엉 목 놓아 울었다.

"내 아기, 언제 이렇게 컸누. 언제 이렇게 자라서 엄마가 되었누. 엄마가 산바라지도 못 해주고, 이래 고생만 시키다 올려 보내서 미안타. 엄마가 정말 미안해."

두 손으로 얼굴까지 가리고 펑펑 우는 엄마를 안아주고 뒤돌아서서 나도 같이 울음을 터트렸다. 아기는 우는 엄마와 할머니 사이에서도 곤히 잠들었다. 남편이 운전하는 차를 타고 경주에서 강원도 화천까지 오래도 달렸다. 총 이동 시간 6시간 30분. 생후 20일 된 핏덩이 아기와 이렇게 첫 여행을 시작했다. 품에 안겨 잠든 아이를 바라보며 되뇌었다.

'희봄, 앞으로 잘 부탁해! 이제부터 우리 셋이서 이 멋진 세계를 여행하는 거야.'

02　　하루하루 모여 백일

한없는 세계,
너로 인해 겸손해지는 날들

이야기 하나

행복의 공식, 사소한 순간들을
온전히 느끼며 살아보라.

오늘은 나은이가 낮잠도 잘 자고 젖도 잘 먹어줬다. 이런 날은 몸이 조금 피곤해도 기분은 날아갈 것 같다. 아기가 응가를 잘 하면 응가를 잘 했노라 박수를 치고, 젖을 잘 먹으면 잘 먹었다고 박수를 친다. 양손으로 물건을 잡아 입에 가져다 넣으면 신기해서 또 박수를 친다. 아이의 행동 하나하나가 모두 대견하고 감사한 날이 이어지고 있다. 어른에겐 숨 쉬듯 당연한 동작도 아기 스스로 터득한 어떤 몸짓을 보여주면 나는 세상을 다 얻은 사람이 된다. 그런 평범한 날들이 하루하루 모여 어느덧 백일이 되었다.

벚꽃이 절정인 봄날, 나무줄기에 물이 차오르듯 포동포동 살이 오른 백일의 희봄, 나은. 아기의 백일은 내가 엄마로 산 지 백일이 된 날을 의미하기도 한다. 우리 가족은 아기 백일을 자축하기 위해 동네 식당을 찾았다. 봄이면 벚꽃잎이 지붕 위에 소복하게 쌓이는 허름한 그 밥집을 매년 눈여겨보기만 했었다.

"자기, 나 오늘은 저 집에서 밥 먹을래."

남편은 사람들이 잘 찾지 않는 식당이라고 의아해하면서도 아내의 의견을 가만히 따라줬다. 가게 입구부터 봄꽃들이 만발해 있어서 식당으로 들어서는 길이 마치 결혼식장 꽃주단 위를 걷는 느낌이었다. 신발을 벗고 가게 안에 들어

이야기 하나

섰다. 손님은 우리 셋뿐이었다.

실내는 옛 물건들로 가득했다. 낡은 카메라와 풍금, 세월 묵은 레코드판과 턴테이블, 전축으로 자연스레 눈길이 갔다. 메뉴도 어죽과 감자전이 전부였다. 우리는 이 집의 유일한 두 메뉴를 시킨 뒤 아이를 바닥에 내려놓았다. 전축에서는 지미 폰타나Jimmy Fontana의 '일몬도Il Mondo'가 흘러나오고 있었다.

"어죽탕 집에서 이 노래를 다 듣네. 자기도 이 노래 기억나지?"

흩날리는 꽃잎을 바라보며 우리 부부는 연애 때 함께 본 영화 〈어바웃 타임〉을 동시에 떠올렸다. 영화에는 시간여행자인 팀과 그의 연인 메리가 등장한다. 팀은 그녀의 마음을 얻기 위해 시간여행 능력을 사용하게 되고, 수많은 시행착오와 우연의 반복을 통해 결국 사랑의 결실을 맺는다. 그들의 결혼식 날 메리가 신부 입장 곡으로 택한 노래가 바로 지미 폰타나의 '일몬도'였다. 지금도 일몬도를 들으면 새빨간 웨딩드레스를 입고 팀을 향해 걸어오던 메리가 떠오른다. 사랑스러운 그녀를 바라보던 팀의 표정까지 생생히.

비바람이 몰아쳐 그들의 야외 결혼식이 엉망이 되었지만 메리는 '완벽한 날'이었다며 무척 행복해했다. 영화 전반에

깔려 있었던 행복의 공식, 사소한 순간들을 온전히 느끼며 살아보라는 그 메시지를 알음알음 떠올리며 조용히 어죽을 떠먹었다. 아이도 노래를 듣는 것인지 얌전히 누워 눈을 깜빡였다.

어죽을 거의 다 먹어갈 즈음에도 노래는 끝나지 않았다. 그제서야 이 한 곡이 반복되어 흘러나오고 있음을 알아챘다. 마치 우리 가족을 위한 오늘의 주제곡 같았다. '일 몬도!~ 일 몬도!' 노랫말이 등장할 때마다 영화 속 메리처럼 입을 크게 벌려 성악가 흉내를 냈다.

어느 정도 배를 채우고 카메라 앞에 섰다. 시간이 멈춘 듯한 가게 모습과 그곳에 앉은 우리 모습을 남기고 싶었다. 서로의 모습을 카메라에 담기 바쁜 우리 가족에게 사장님은 툭툭 자신의 이야기를 건넸다. 누군가가 들려주는 생애 가장 행복했던 순간은 배경음악이 되어 공간을 메웠다.

"저도 그 시절이 돌아보면 가장 행복했고 제 자신도 가장 멋있었던 것 같아요. 아기 엄마도 분명 오늘의 행복을 25년 뒤 떠올리게 될 거예요."

말씀을 듣는 순간 내가 시간여행자라도 된 듯 가슴이 먹먹해졌다. "네, 저도 그렇게 생각해요. 밥 너무 잘 먹었습니다." 식당을 나서는 길, 봄바람이 강하게 불어 아이를 품안으로 더 가까이 끌어안았다. 나뭇가지에 달려 있는 꽃들이 오늘 안에 몽땅 떨어질 기세로 흔들렸다. 하지만 그 덕에 나는 아이와 환상적인 꽃비를 맞았다.

"여기는 맛집이 아니라 멋집이네!"

차를 타고 집으로 돌아가는 길, 라디오를 켰다. 선물처럼 흘러나오는 다정한 목소리의 주인공은 이해인 수녀님이었다.

"복은 절반 복이 좋고 꽃은 반만 핀 게 좋다고, 그런 말을 한 적이 있어요. 우리가 이 시대를 살아가면서 겸손한 영성이 필요한 것 같아요. 자기에게 주어진 삶에 대해서 감사하는 마음을 배우고 다른 사람을 항상 배려할 수 있다면, 그것이 곧 겸손으로 가는 삶 아니겠는가 싶어요. 우리 함께 많은 것을 바라지 말고 그냥 당연한 것도 새롭게 감탄하면서 감사할 수 있었으면 좋겠습니다."

따끈한 어죽으로 배를 채웠더니 졸음이 몰려왔다. 아기도 새근새근 잠이 들었다. 평범한 백일 오후가 그렇게 저물어가고 있었다.

03 　 내 손을 잡아주던 소년에게
그냥 이렇게 앉아 있고 싶었어

뾰족한 나를 둥근 사람으로 키운 건
그 작은 방과 소년이었음을 깨닫는다.

뽑아도 솟아나는 털들을 보면 가끔 '이 녀석들에게도 인격이 있는 건 아닐까?' 하는 생각을 하게 된다. 그렇지 않고서야 뽑은 자리에 호기롭게 꾸역꾸역 두 가닥이 되어 솟아날 수는 없을 것이다. 내게 잡초보다 독한 것은 털이었고, 그래서 나는 징하고 독한 사람들을 만나면 '털 같은 놈'이라고 속으로 생각한다.

누구에게나 자주 애용하는 은유의 대상이 있다. 보통은 호수, 사과, 호랑이 등 형태가 온전하고 특징이 뚜렷한 표현을 사용하지만 나는 털 외에도 똥, 코딱지와 같은 형태가 온전치 못하고 다소 아름답지 못한 대상을 자주 거론한다. 사랑하는 사람에게도 마찬가지이다.

나는 대학 시절에 개털 같은 머릿결을 휘날리며 코딱지만 한 방에서 똥 같은 기분으로 가난하게 살고 있었다. 방황하던 시절의 나는 소년 같은 남자를 하나 알게 된다. 가난했던 나는 그에게 부지런히 밥을 샀고, 부스스한 머리를 자주 고데로 눌러 펴며 그에게 잘 보이고자 했다. 가상한 노력 끝에 나는 그에게 고백을 받아냈다. 우리는 그렇게 연인이 되었다.

대개의 연인들처럼 우리도 둘만의 공간에 둘이서만 있는 것을 좋아했다. 꼭 스킨십을 위해서가 아니라, 고요한 달나라에 불시착해 둘만 남겨진 듯한 그 느낌이 좋았다. 나는 용기 내어 코딱지만 한 나의 자그마한 방에 그를 자주 초대했다.

늦은 오후에야 길게 볕이 들던 나의 방은 서향이었다. 그 방에는 세면대 없는 좁은 화장실이 한 편에 구분지어 있었고 작은 싱크대, 작은 침대 하나가 전부였다. 소년은 여자 집엘 함부로 들어가는 게 아니라며 조심스러워했지만, 나는 "집이 아니라 방이야"라고 대답하며 소년의 손을 잡아끌었다. 소년이 방 안으로 들어오면 그를 앉히고 도란도란 수다를 떨었다. 소년과 나는 그 방에서 6년을 연애했다. 오후 다섯 시쯤에야 유일하게 해가 들어오는 집이었지만 우리가 뽀뽀를 할 때, 낮잠을 자다 부스스 깨었을 때 깊고 따뜻하게 들어오던 햇볕은 여전히 아른거린다.

밤이 되면 사소한 일로 심통이 나 간혹 사랑싸움을 했던 내 작은 방. 소년과 가장 크게 싸운 건 언젠가의 크리스마스였다. 아픈 나를 두고 볼일을 보고 오느라 그는 꽤 늦은 시간 나를 찾아왔다. 생각해보면 그렇게 화낼 일도 아니었지만 나는 아팠고 외로웠다. 개똥같은 내 성격에 발동이 걸려 잘잘못을 따져 물었고, 돌아서 가려는 그를 부둥키며 보고 싶었다고 펑펑 울기도 했다. 그렇게 우리는 싸우고 사랑하

돌에서 셋으로

고, 싸우고 사랑하고를 반복하면서 같이 어른이 되었다.

그 시절의 나는 남들이 다 지닌 것도 내게는 무엇 하나 없다며 온 마음을 다해 검어지려 했었다. 순한 소년의 마음을 쥐락펴락하는 것이야말로 '연애의 기술'이라고 생각했던 오만했던 날들. 하지만 그때마다 소년은 나를 꼭 안아줬다. 그리고 반드시 나를 행복하게 해주겠노라 약속했다. 그는 내 손을 잡으면 습관처럼 결혼하자는 말을 했다. 뾰족한 나를 둥근 사람으로 키운 건 그 작은 방과 소년이었음을 이제야 깨닫는다.

나는 지금 변기 위에 앉아 책을 보다 말고 메모를 끼적이고 있다. 언제 나올 거냐며 다급하게 노크하는 저 남자는 나랑 7년간 연애를 했고 약속처럼 결혼을 했다. 털 같은 남자, 똥 같은 남자. 그리고 내 뱃속에는 우리 둘의 아이가 자라고 있다. 예전 그 작은 방과 비슷한 크기의 우리 집 화장실에 앉아 그때의 소년을 떠올린다. 문을 닫으면 무릎이 닿던 그 좁은 공간에서 나는 그를 믿고 사랑했다.

볼일이 급한 그가 문을 조금 더 세게 두드린다. 그는 알까? 내가 변기 위에 그냥 앉아 있다는 것을. 그 소년 덕에 내가 희망을 품고 여태 잘 살아올 수 있었다는 사실을 말이다. 발 디딜 수 있는 방바닥의 면적이 침대보다 작았던 그 방. 그래서 침대 위에서 밥도 먹고 뉴스도 보고 사랑도 나누어야 했던 날들. 그 시절이 있기에 지금의 우리가 있다. 코딱지만 했던 그 작은 방, 아직 있으려나? 이제 진짜 문을 열어줘야겠다. 어서 와, 소년 씨.

04　　　겨울 이삿날

그린마인드로 가는 길

쏟아내기만 했던 시간에서 벗어나
채움의 시간이 필요하다는 결론을 내렸다.

2014년 겨울, 3년 동안 서울에서 발행하던 잡지 일을 중단하고 강원도 화천으로 거처를 옮겼다. 화천읍 산양리는 남편의 근무지였다. 사업을 정리하면서 천여 권의 책이 강원도 화천읍 산양리 산속, 작은 관사로 배달되었다. 현관 입구를 막아선 책 박스를 바라보며 나는 비로소 진짜 일을 쉬게 되었음을 실감했다. 전국 서점으로 유통을 대행해주던 배본사에서 보내온 것들이었다.

 천 권이 넘는 책을 엘리베이터도 없는 2층 집까지 배송해준 기사님이 땀에 흠뻑 젖은 채 물었다. "뭐하시는 분이세요? 책 팔아요?" 나는 기사님께 죄송하고 감사해서 음료를 대접하며 말했다. "네 책 팔아요." 기사님은 또 되물었다. "그럼 작가세요?" 나는 웃음으로 답을 대신했다. 나의 눈은 계속 묵묵히 박스를 나르는 남편의 표정을 살피고 있었.

 "자기, 이 책들 꼭 다단계 옥장판 같지 않아? 내가 만든 건 매달 한 권인데, 이렇게 모아 놓고 보니 되게 많네. 기분이 묘하다."

 남편은 답이 없었다. 나는 계속해서 혼잣말을 했다.

 "나 꼭 창고에서 폐업 물건 정리하는 사람 같지 않아? 이 많은 책을 다 어디다 쓰지?"라며 쉴 새 없이 떠들었다. 남편은 베란다에 박스를 다 옮기고 나서야 입을 열었다.

"그런데 있잖아, 나는 네가 이 책들 꼭 의미 있게 소진할 것 같아."

결혼 생활의 시작과 동시에 나는 독립출판물을 창간했었다. 내가 발행하던 매거진은 환경과 사람을 주제로 다룬「그린마인드」라는 에코라이프 월간지였다. 독립출판 시장이 지금처럼 많이 알려지지 않았을 때라 관심과 응원을 참 많이도 받았다. 제작부터 홍보, 유통까지 직접 나서서 맡아야 했던 만큼 배움과 성장의 기회도 종종 찾아왔다. 특별한 사람만이 책을 낼 수 있는 건 아니라는 사실에 사람들은 신기해했고, 동종업계 선배들은 우리의 실험 정신을 염려하면서도 격려했다.

「그린마인드」는 전국 대형 서점의 잡지 코너, 메인 데스크에 진열되어 어떤 달에는 매거진 분야의 베스트셀러를 기록하기도 했다. 책을 연결고리로 만난 각 분야의 전문가들과 독자들에게 무언가를 배우는 날들이 이어졌다. 하지만 광고 없는 매체를 3년째 신념만으로 경영하다 보니 재정적인 부담이 찾아왔다. 돌아서면 다가오는 마감 날짜에 급급한 나머지 몸과 마음도 지치기 시작했다.

무엇보다 나의 신혼생활에 서서히 위기가 다가오고 있었다. 떨어져서 지내는 상황이 오래 가면서 서로에 대한 오해

돌에서 샛으로

와 서운함이 켜켜이 쌓여갔던 것이다.

　남편을 만난 건 스물한 살의 2월 겨울이었다. 캠퍼스 선후배로 만나 사랑을 시작했고, 8년 연애를 앞두고 결혼을 결심했다. 이르다면 이른 나이에 결혼을 결심한 나에게 일이란 그런 것이었다. 어떻게든 이루고 싶고 할 수 있는 데까지 경험하고 싶은 것. 그때 내 삶의 우선순위는 어쩌면 나였다. 고민 끝에 나는 아이를 갖지 않는 결혼을 원하게 되었다.

　연애 같은 결혼, 삼대가 덕을 쌓아야 할 수 있다는 주말부부, 서로의 꿈도 지지하고 개인의 신념에 전념하는 삶을 목표로 했다. 하지만 이제는 알 것 같다. 서로 다른 꿈을 향해 달려가는 결혼 생활은 '사랑'이라는 교집합 하나만 남은 부부를 묶어두기엔 한없이 부족하다는 사실을. 남편의 얼굴을 한 번도 보지 못한 달도 있었다. 그리움과 아쉬움은 커져갔지만 그래도 남편은 항상 나를 응원했고, 나 역시 그런 남편에게 고마움을 느꼈다.

　월간지를 격월간지로 전환하면서 조금은 숨통이 트였다. 환경과 건강한 마인드에 관한 이야기에 독자들은 공감했고 재미있게 읽어줬다. 우리 매거진이 무럭무럭 성장하고 있을 때 '이제 진짜 시작'이라며 외치던 순간, 제작자들의 마음속 그린마인드는 서서히 색을 잃어갔다. 지속 가능한 방법을 치열하게 고민했지만 나를 포함한 두 명의 대표는 일당백 업무로 이미 충분히 지쳐 있었고, 몸과 마음이 보내는 신호를 무시할 수는 없었다.

'우리가 좋아서 시작한 이 일은 사업일까 그저 신념일까? 내 삶의 그린마인드는 어디에 있는 걸까?'

오랜 논의 끝에 동업하던 친구가 먼저 제안을 했다. 「그린마인드」를 여기서 마무리하자고. 당시엔 친구의 선언이 야속했다. 하지만 나 또한 얼마 지나지 않아 상황을 받아들였다. 이 프로젝트에 아낌없이 쏟아 붓던 내 열정이 사업의 성격은 아니었으니 말이다. 우리는 세상에 필요한 질문을 던지고, 아름다운 자연을 지키기 위해 무언가를 외치고자 했다.

「그린마인드」 발행이 하나의 운동이라는 것을 깨달으며 잠시 욕심을 내려놓기로 했다. 우선 3년간 놓치고 또 얻은 것들이 무엇인지 찾기로 했다. 쏟아내기만 했던 시간에서 벗어나 채움의 시간이 필요하다는 결론을 내렸다. 곰처럼 박스를 옮기는 그의 옆모습을 보면서 내가 그동안 놓친 것

둘에서 셋으로

이 무엇이었는지, 나의 그린마인드는 어디에 있었는지 조금 알 것 같았다.

화천 생활을 시작하고 얼마 지나지 않아 남편과 저녁 식사를 하던 때였다. 사실 그날은 우리가 만난 지 8년쯤 되는 밤이었다. 꽃도 케이크도 없는 평범한 밥상 앞에서 나는 그의 옆구리를 찔렀다. "한마디 해봐!" 그러자 남편은 "우리의 사랑은… 음, 시금치나물 같아. 맛있잖아!"라고 말했다. 어설프게 무쳐 밥상 위에 올린 나의 첫 시금치나물이 벌써 동이 나고 있었다. 식사 후 마른 빨래를 베란다로 나가 같이 들고 털 때 서로의 몸에 붙은 먼지를 찰싹찰싹 때리듯 털어주며 우리는 장난스럽게 웃었다.

어떤 소음도 들을 수 없는 깊은 산속 적막을 뚫고 뻐꾸기와 딱따구리가 울어대는 산양리. 몸이 바쁜 서울에서 벗어나 강원도 산골 깊은 곳에 앉아 있을 때면 문득 그 사실이 생소하면서도 편안하게 느껴진다. 화천 생활을 시작하고도 이따금 인터뷰 요청이 오거나 타 매체의 편집장 자리를 제안받기도 했지만 모두 정중히 거절했다. 애인이 아닌 남편과 더 시간을 보내고 싶었기 때문이다.

그래서인지 화천 산양리 생활에는 제법 빠르게 적응을 했다. 하루하루 마을의 새로운 산책로를 발견하고 5일마다 서는 장에 나가 사들고 온 식재료로 제철 요리를 만들었다. 해가 저물어갈 때면 퇴근을 앞둔 그에게 이런 문자를 날린 적도 있다.

"그러니까 내가 하고 싶은 말은, 같이 빨래 털게 일찍 들어와요."

주말 저녁에는 남편과 둘이 앉아 종종 가족회의를 했다. 대화 끝에 함께 꿀을 넣은 맥주를 마시며 "캬~ 역시 둘이라서 지금 딱 좋아!" 하고 외쳤다. 둘이라서 지금 너무 좋다며 까불던 여러 날이 지나고 몸과 마음이 초록으로 충만하던 이듬해 봄, 우리에게는 갑작스레 희봄이가 찾아왔다.

05   붙잡을 나(拏), 웃을 은(听)
되게 웃기는 아이가
태어났으면 해

오줌 위에 오줌을 누는
저 털털한 태도는 마음 위에 마음을 보태는
행동이라는 걸 알고 있다.

출산을 보름 정도 앞두고 서울에 사는 동생 자취방에 방문했다. 나와 여섯 살 차이 나는 여동생은 어렸을 때부터 까닭 없이 방문을 잠그는 버릇이 있다. "너 아직도 한 번씩 방문 잠그니?" 동생은 나의 부른 배를 쓰다듬으며 "이젠 아예 문을 열어 놓고 살아. 이참에 열쇠 아저씨랑 사귈까?" 하며 너스레를 떤다. 나는 동생의 이런 시답잖은 농담을 좋아한다.

화천으로 오기 전까지 나는 동생과 서울에서 살았다. 결혼을 하고 신혼집이 있었어도 회사와 인쇄소가 서울에 있었기 때문에 동생과 자취 생활을 이어갔다. 「그린마인드」 프로젝트를 중단하기로 결심한 그해 초겨울까지 동생과 살았는데, 같은 집에서 보낸 마지막 여름에도 어김없이 동생의 버릇을 목격했다.

열쇠공 아저씨의 두 번째 방문이었다. 동생이 잠그는 문은 주로 화장실이나 본인의 방인데, 동생이 왜 방문을 잠그는지 누구 하나 아는 이가 없다. 물론 동생도 그 까닭을 모른다. 몇 번인가 이사를 했어도 집주인이나 이전 세입자에게 방문 열쇠 같은 건 받아본 적이 없다. 그래서 문이 잠기면 우리 자매는 열쇠 구멍을 머리핀이나 옷핀 따위로 쑤셔 보다가 지쳐서 결국 열쇠공 아저씨를 불렀다.

동생의 문 잠그는 습관을 처음 목격한 건 그녀가 중학생일 때였다. 방학을 맞이해 나를 보러 서울로 온다던 동생은 방문이 잠겼다고 울먹이면서 내게 전화했다. 언니 만나러 간다고 미리 끊어둔 서울행 버스표는 여전히 방 안에 있는데, 아버지는 퇴근 전이었고 그녀는 혼자였다.

홀쩍이던 동생은 그날 서울에 무사히 도착했다. 있는 힘껏 방문 손잡이를 부수고 버스표를 가지고 나왔다고 했다. 괜찮니, 아프니, 배고프니, 묻지도 않은 채 나는 동생을 끌고 열심히 명동을 싸돌아다녔다. 그리고 치킨을 시켜 먹었다. 묵묵하게 치킨을 함께 뜯는 것이 우리가 할 수 있는 가장 큰 위로라는 사실을 알고 있다.

동생은 초등학교 4학년 때부터 머리를 혼자 묶었다. 부모님의 이혼으로 우리 가족 모두 마음이 아플 때였다. 각자의 상처에 집중한 나머지 그 누구도 동생을 제대로 품지 못했다. 동생이 훌쩍 자라 브래지어가 필요한 나이가 되었을 때 문득 깨달았다.

'언니라면서 동생 생일을 제대로 챙겨준 날이 별로 없네.'

동생이 얼마나 예쁘게 크는지, 여드름은 몇 개가 올라오는지 아무도 자세히 지켜보지 못했지만 그녀는 잘 자랐다.

품에서 셋으로

대학에 진학하면서 동생보다 6년 먼저 서울로 올라온 나는 방학마다 부지런히 그녀를 서울로 불러들였다. 대학가 5평 원룸에서 우리는 밤새 수다를 떨었다. 잠글 문고리조차 없는 달랑 방 한 칸이 전부인 곳이었다. 막 중학교에 입학한 동생을 두고 서울로 와야 했던 미안함을 보상하려는 듯 나는 최선을 다해 동생을 끌고 다녔다.

    언젠가 내가 아르바이트하던 학원에 동생을 수강생으로 등록하게 한 적도 있었다. 며칠 지나자 교무실로 학생 몇 명이 우르르 쫓아와 "선생님이랑 똑같이 생긴 애가 교실에 있어요! 근데 엄청 웃겨요!" 하며 떠들었다. 내가 대학 졸업을 앞두었을 시점에 동생은 표정 하나 변하지 않고 야한 농담을 던지는 인기 있는 여고생이 되어 있었다.

    오랜만에 동생과 농을 주거니 받거니 하느라 둘이 오줌을 오래 참았다. 활짝 열린 화장실 문 안으로 들어서는 내게 동생은 "물 내리지 마!" 하고 다급하게 외친다. 오줌 위에 오줌을 누는 저 털털한 태도는 마음 위에 마음을 보태는 행동이라는 걸 알고 있다.

    "언니, 조카 태어나면 뭐라고 이름 지을 거야?"

"몰라, 아직 고민 중이야. 근데 너처럼 되게 웃긴 아이가 태어났으면 좋겠어."

내가 앉았다 일어난 자리에는 미지근한 온기가 남아 있을 거고, 동생은 그 위에 털썩 앉아 볼일을 볼 것이다. 아무렇지도 않다는 듯 태연하고 시원하게 볼일을 보는 동생. 오늘도 사랑스런 그녀를 위해 치킨 한 마리를 뜯어야겠다.

06　'새 책 줄게, 헌 옷 다오' 프로젝트
없이 키우기, 책으로 키우기

부유한 집이라 할지라도 절대
새 모시나 새 비단으로 옷을 만들지 말라.

2015년 11월. 임신 생활도 이제 후기로 접어들었다. 슬슬 출산 준비를 하나씩 해야 한다. 무엇부터 준비해야 할까 고민하던 날, 책에서 멋진 글을 발견했다.

부귀지가 절불의신제 저사능라지류

富貴之家 切不宜新製 紵絲綾羅之類

- 『동의보감』 잡병편

'부유한 집이라 할지라도 절대 새 모시나 새 비단으로 옷을 만들지 말라'는 뜻의 문장이었다. 할머니의 옷을 잘라 아이 옷을 지어 입혔다는 조상의 지혜를 듣고 '바로 이런 게 그린마인드지!' 싶어 손뼉을 쳤다. 그리고 이내 생각이 많아졌다.

임신 사실을 알고 난 후에도 나는 꾸준히 내가 펼치고 싶은 육아관에 대해서 고민했다. 이 문장은 내 각오에 힘을 실어주는 지혜였다. 하지만 지금은 시대가 조금 다르다. 우리 엄마 세대는 이웃이 넘치고 아이의 웃음소리가 끊이지 않는 시절을 살았다. 그네들은 물건을 얻고 또 물리는 문화의 중심에서 살았지만, 현재의 우리는 그런 기회를 만난다는 게 도무지 쉽지 않다. 그때 마침 베란다에 햇볕을 막아주는 암

막 커튼 같은 책 상자들이 눈에 들어왔다.

'새 책과 육아용품을 바꾸면 어떨까?' 나는 가득 쌓여 있는「그린마인드」책을 몇 번이고 사용한 육아용품과 맞바꾸는 프로젝트를 떠올렸다. 아이의 건강과 더불어 환경도 지킬 수 있는 방법을 찾았다며, 남편에게 신이 나서 자랑을 했다.

"괜찮겠어? 그래도 첫아이고 딸인데, 욕심 내려놓을 수 있겠어?"

"얼마나 감사한 일이야. 잠자고 있는「그린마인드」도 독자를 만나서 좋고 나는 육아용품을 물려받으니 좋고! 무엇보다 이렇게 프로젝트에 참여해주는 엄마들은 환경과「그린마인드」에 관심이 있다는 거잖아!"

남편은 나의 머리를 쓰다듬었다. 내 각오를 알리자 많은 이들이 희봄이에게 필요한 물건을 보내겠노라 연락을 줬다. 사실 이 프로젝트에는 특별하고도 귀찮은 조건이 하나 붙어 있었다. 새 물건이 아닌 이미 사용한 육아용품이어야 할 것, 보내는 이의 자필 편지를 동봉할 것. 이 까다로운 조건 때문에 과연 몇 명이나 동참할까 약간은 걱정을 하고 있었다. 육아만으로도 충분히 바쁜 시간에 신경 써서 아이의 물건을 추리고 정리해 택배로 부치는 과정. 귀찮고 성가셨을 텐데 예상보다 많은 이가 참여했다.

총 18명의 엄마들이 장문의 손편지와 함께 육아용품을 물려줬다. 강원도 화천 산골의 낡은 아파트에 어느 가족의 온기가 배달되던 날, 택배 박스를 하나씩 뜯을 때마다 가슴이 울렁거렸다.

친정어머니가 돌아가시기 전 손수 챙겨준 출산 준비물부터 화가 아버지의 첫 전시회 도록, 이제 막 한글을 배우기 시작한 딸의 손편지, 좀 더 간직하고 싶지만 보낸다는 최근까지 입힌 배냇저고리, 직접 만든 담요, 수유 쿠션, 유리 젖병, 딸랑이… 그 밖에도 뱃속 아이가 세 살이 될 때까지는 거뜬히 입힐 옷가지와 동화책을 넘치도록 물려받았다. 친정엄마는 새 아기에게 새것 아닌 헌것을 입힌다며 안쓰러워했지만 나는 오히려 내가 읽은 글을 소개하며 엄마를 설득했다.

"아기의 최초의 환경은 엄마래요. 결국 내 자신이 오염되지 않고 맑은 정신을 가지고 있다면 아이도 건강하게 이 상황을 만끽할 거라 믿어요!"

전해 받은 옷과 용품은 출산을 하고 나서 유용하고 알차게 사용했다. 프로젝트에 참여한 이들에게는 약속대로 새 책을 보냈다. 이듬해 봄에는 상태 좋은 옷과 물건들을 추려서 다시 춘천 미혼모 보호소로 기부했다. 라면 박스 3개 이상이 나올 정도로 넉넉했다. 내 아이와 같은 옷을 입고 같은 장난감을 사용했을 아이들은 지금쯤 얼마나 자랐을까?

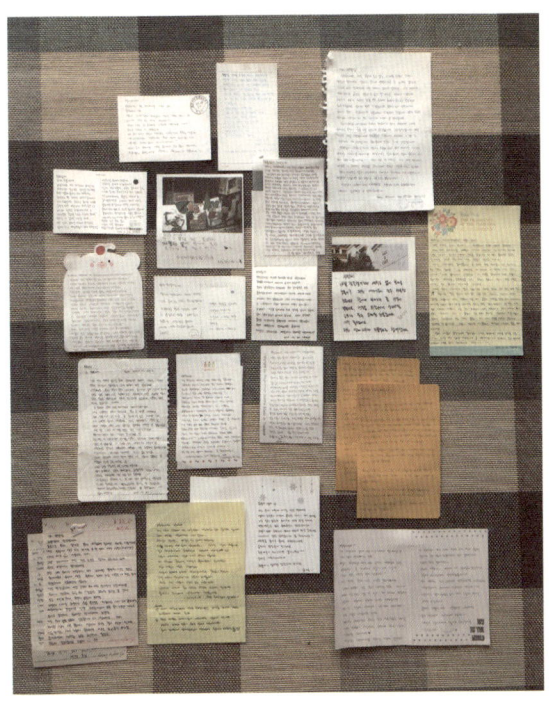

둥에서 셋으로

07 초보 엄마의 신고식

아가야,
무사히 오고 있는 거지?

우리 아이의 태명은 '희(烯) 봄'이야!
아이가 우리 곁으로 오는 기쁜 봄.

임신 사실을 깨닫고 병원을 처음 찾았을 때, 아기는 내게 모습을 보여주지 않았다. 그저 피와 소변 검사로 내가 임신 상태라는 사실만 확인 받았을 뿐이었다. 의사 선생님은 내게 초산이냐고 물었다.

"임신 사실을 빨리 깨달으셨네요. 마음 편히 있다가 2주 후에 다시 오세요. 그때 아이를 볼 수 있을 겁니다."

눈에 보이지도 않는 작은 존재가 내 몸 어딘가에서 열심히 몸집을 키우고 있다고 생각하니 걸음걸이마저 조심스러웠다.

계획하지 않은 임신 소식에 당황해서인지 계속 구름 위를 걷는 기분이었다. 멍한 기분은 춘곤증 같은 잠으로 이어졌다. 3년 동안 못 잔 잠을 몰아 자려는 듯 계속 쓰러져 자고 나서도 또 잠을 잤다. 일찍이 임신을 직감할 수 있었던 것도 바로 이 잠 때문이었다. 하지만 출판사와 책 계약을 맺은 나는 이사를 하고도 한동안 취재차 서울에 여러 번 다녀와야 했다.

화천에서 서울까지 버스로 오가는 동안 심한 멀미가 찾아왔는데, 나는 그게 입덧의 신호탄임을 어렴풋이 깨달았다. 열흘 만에 체중이 7kg이나 줄었다.

입덧은 내릴 수 없는 배에 탑승해 있는 기분과 꼭 닮아 있다. 2주 후 다시 병원을 찾았을 때 자궁 안에 난황을 달고 별처럼 박혀 있는 아이를 만날 수 있었다. 자궁 안에 착상혈이 고여 있으니 조심하라는 말과 함께 비슷한 사진을 네 장이나 건네 받았다.

"심장 소리를 들어야 임신 확인서 발급이 가능해요! 몸조심하고 다음 주에 만납시다."

그리고 며칠 후, 잦은 출장이 무리가 되었는지 나는 하혈을 시작했다. 유산 증상이었다. 계획하던 임신도 아니었거니와 아이를 애타게 기다리던 입장도 아니었는데, 붉은 피를 보는 순간 나는 알 수 없는 불안에 휩싸였다. 한 생명을 허무하게 잃을지도 모른다는 생각에 잠을 이룰 수 없었다. 온라인 창에 비슷한 증상으로 질문을 올렸던 사람들의 글을 하나하나 끝까지 다 읽으면서 그들이 극복해 얻은 현재의 안녕에 위안을 얻었다. 밤을 지새우고 기도를 하는 내 모습은 꽤 낯설었다.

'너, 딩크족이라며!'

출혈량은 조금씩 꾸준히 늘었다. 결국 예약된 날보다 앞당겨 병원을 찾았고 나는 병원에서 '산모님' 때때로 '어머님'이라 불렸다. 그 부름이 자꾸 내가 아닌 다른 사람을 부르는 것만 같아서 몇 번이나 내 이름과 순서를 놓쳤다. 남편과 두 손 꼭 잡고 진료실 앞에서 기다리며 말을 주고받았다.

"그런데 우리, 정말로 신념이 확고한 딩크족이었을까? 어쩌면 경험해보지 않은 세계에 대한 막연한 두려움 때문에 임신과 출산을 미루고 싶었던 건 아닐까?"

주변에 앉아 있는 둥근 배의 산모들을 힐끗힐끗 살피며 나는 아직 부르지도 않은 배를 슬쩍 쓸어 만졌다.

"전지민 산모님, 진료실로 들어오세요."

진료실로 들어가 의사 선생님께 하혈을 계속한다고 말하자 선생님의 낯빛이 어두워졌다. "자, 일단 누워보세요!" 몇 초간 흐르는 정적. 말없이 화면을 보며 마우스만 클릭하는 의사 선생님의 손길에 저절로 눈길이 갔다. 잠시 후 초음파 검사기를 배에 댄 순간, 남편과 나는 서로의 얼굴을 바라보며 안도의 눈물을 흘렸다.

"쿵쾅, 쿵쾅, 쿵쾅…"

"들리시죠? 심장 소리!"

우여곡절 끝에 임신 7주 진단을 받았다. 하혈은 그 후로도 한 달간 이어졌고 심한 입덧과 하혈로 입원과 퇴원을 반

이야기 하나

복했다. 임신 확인증과 산모수첩까지 무사히 받은 날 밤, 남편과 동네를 산책했다.

우리가 지내는 관사는 읍내에서도 30분 정도 떨어진 마을의 산 중턱에 위치해 있다. 아파트 이름은 '아름드리'이다. 가로등도 몇 개 없어서 밤이 되면 별과 달이 유난히 선명해 보인다. 휘영청 밝은 달 아래 서서 주변을 둘러 보니 가로등이라도 켠 듯 마을 전체가 환했던 밤. 나는 달님에게 쑥스럽지만 용기 내어 두 손을 모아 소원을 빌었다.

"달님, 우리 아기 건강하게 태어나게 해주세요!"

그러자 옆에 선 그가 갑자기 길바닥에 넙죽 엎드렸다. 곰만 한 덩치의 남편이 세상 가장 납작해진 모습으로 달을 향해 절을 올리기 시작했다. 조금 놀랐고 신기했고 사랑스러웠다. 웅크린 그의 옆으로 개울물이 졸졸 흐르는 소리와 이따금 이름을 알 수 없는 새가 지저귀는 소리, 시골 개가 짖는 소리가 우리를 둘러쌌다. 며칠이 지나자 그는 아이의 태명을 지었다며 쑥스럽게 말했다.

"우리 아이의 태명은 '희(喜) 봄'이야!" 태명의 뜻을 물었다. "아이가 우리 곁으로 오는 기쁜 봄!" 기쁜 봄. 우리가 아이의 이름을 짓고 불러주던 그때부터였을까? 희봄이는 내 뱃속에 더 단단히 파고들어 무사히 뿌리를 내렸다.

08 　'엄마'라는 베이스캠프
비우는 마음을 배웁니다

울창한 아름드리 숲은 꿀꺽꿀꺽
물을 받아먹으며 초록빛 몸집을 부풀린다.

우리 가족의 베이스캠프는 강원도 화천 산양리에 위치한 오래되고 작은 관사이다. 산 중턱을 깎아서 건물을 올린 탓에 차가 없으면 이 언덕을 한참 걸어 올라가야만 한다. 편의시설이랄 것도 특별히 없다. 온통 산으로 둘러싸여 있어서 밤이 되면 별이 쏟아지고 꿩과 부엉이가 울 뿐이다. 낮에는 딱따구리가 나무를 쪼아대는 소리를 들을 수 있는데, 처음에는 이 생경한 소리에 두 귀를 쫑긋 세우곤 했다.

아이를 갖기 1년 전부터 남편과 나는 이곳 산양리에서 신혼 생활을 시작했다. 우리에겐 산양리가 세 번째 집이다. 한번 집을 나서면 서울에서 1~2주는 족히 보내고 돌아오는 아내를 남편은 하염없이 혼자 기다렸다. 서울이 태생인 그와 서울에서 배우고 일을 해온 나에게 화천 산양리 집은 별장 같은 곳이었다. 요즘 시대에 아직도 이런 마을이 존재한다니, 마치 둘만의 전원생활을 시작한 기분도 들었다.

'아름드리'라 이름 붙인 이 관사는 지은 지 30년쯤 되었다고 한다. 오래된 집이라서 취향을 덧대어 집을 꾸미기에도 큰 부담은 없었다. 조금 불편해도 둘만의 행복한 아지트로는 손색이 없었던 것이다.

출산 후 아이를 품고 다시 산양리 베이스캠프로 돌아와 보니 생각이 조금 달라졌다. 산 아래 지어진 집은 서늘했고 종일 그늘이 졌다. 문을 닫아도 바람이 드나드는 낡은 건물은 교통도 매우 불편했다. 걸어서 정류장까지 30분은 걸어야 했고 읍으로 나서는 버스는 한 시간에 겨우 한 대뿐이었다. 어쩌다 언덕길에서 이웃과 마주치면 고개를 다 올라설 때까지 둘이서 이 비탈진 길에 대한 푸념을 신나게 늘어놓았다.

몸조리가 덜 된 몸으로 아이를 안고 언덕을 오르내리는 일은 고생스러웠다. 가끔 지나는 행인이 괜찮냐고 말을 걸어오면 "네, 괜찮아요, 정말 괜찮아요!" 하고 외쳤지만, 땀인지 눈물인지 모를 수분이 눈가를 촉촉이 적셨다. 아이 예방접종이 있어서 읍내 의원에라도 다녀온 날에는 어김없이 몸살을 앓았다. 그러면 이 나이 먹도록 운전도 배우지 않고 나는 뭘 한 것일까 자책도 했다.

낭만적이고 흥미로웠던 시골 삶이 출산 후에는 큰 불편함으로 다가왔다. 아니면 나도 산후 우울증을 겪는 건가? 우울함이 몰려올 때면 친정엄마에게 전화를 해 하소연을 했다. 그때마다 엄마는 이렇게 말했다.

돌에서 셋으로

"아가, 비우는 마음으로 있다가 오너라. 빈 마음, 빈 시절은 나중에 다른 걸로 채우면 되니까. 강원도 시골살이 고단하지? 그래도 그늘에 오래 앉아 있으면 밝음이 보인단다."

매일같이 반복되는 딸의 투정에 지칠 법도 한데, 엄마는 늘 한결같은 답을 내놓았다. 그것도 처음 꺼내는 말처럼 진심을 꾹꾹 눌러 담았다. 이제는 엄마보다 훌쩍 커버린 큰딸이지만 강원도 산꼭대기에 사는 설움을 안고 파고들 품은 역시 엄마밖에 없다. 볼멘소리를 고스란히 듣는 나의 아이, 내가 우울에 갇힌 동안 천진한 아기도 그 그늘 아래서 꼬물거린다. 친정엄마의 충분한 위로로 용기를 충전하고 매 순간 마음을 다잡는다. 창문을 활짝 열어젖히고 달짝지근한 산 공기를 마신다. 바람은 왜 이제야 창문을 열었냐며 집안으로 깊숙이 비집고 들어온다.

종일 비가 내렸다. 산비가 떨어지는 소리는 도시의 빗소리와 사뭇 다르다. 아스팔트로 포장되지 않은 자연 그대로의 땅에 닿으며 뭉툭한 소리를 낸다. 울창한 아름드리 숲은 꿀꺽꿀꺽 물을 받아먹으며 초록빛 몸집을 부풀린다. 아이를 안고 창가에 서서 시원한 빗소리를 가만히 들어본다.

잠깐 비가 그친 틈을 타서 남편에게 유모차를 내어달라고 부탁했다. 집밖으로 나서자 나와 아기의 가슴팍으로 시

원한 바람이 불어온다. 우리는 언덕을 내려가지 않고 공터를 맴돌며 걸었다. 초록 잎사귀 끝에 매달린 빗방울을 나은이에게 튕기며 장난을 쳤다. 아이는 코끝을 찡그리며 즐거워한다. 남편은 낡은 벤치에 앉아 빨래를 털며 우리 모녀를 번갈아 살핀다. '산책'이라는 이름의 환기는 언제나 옳다.

돌에서 셋으로

09   첫 어린이날, 첫 어른날
우리는 그렇게 어른이 된다

이야기 하나

세월이 흘러 나이를 먹는다고 해서
거저 어른이 되는 것은 아니었다.

아직 어린이가 되지 않은 나은이의 첫 어린이날, 친구에게서 축하 문자가 왔다. '선생님'이란 꿈을 이루려고 다시 대학입시 준비를 하는 늦깎이 수험생 정민이었다. 그녀는 '아직 나은이가 어린이는 아니지만 그래도'라는 문장으로 시작하는 어린이날 축하 메시지를 보내왔다.

그녀를 마지막으로 본 건 만삭 때였다. 순산을 기원한다며 밥을 쏘겠다고 먼저 연락이 왔었다. 친구의 얼굴이 보고 싶은 마음에 냉큼 약속을 잡았던 기억이 난다. 고시원에서 공부하는 친구의 사정을 잘 알고 있었기에 처음부터 식사 계산도 내가 할 작정이었다. 그녀는 공부를 하면서 틈틈이 아르바이트도 한다고 했다. 오랜 수험 생활로 몸과 마음이 다 지쳤을 텐데, 친구는 아르바이트라도 해야 부모님께 면이 선다고 말했다.

정민이를 만난 건 대학교 신입생 시절이었다. 우리 학교와 이웃한 한국외대 학생이었던 그녀는 학과 선배의 소개로 연이 닿았다. 자취방에 틀어박혀 온종일 시를 쓰던 선배는 같은 건물에 사는 나와 딱 닮은 여자아이를 알게 되었다며 내게 소개해줬다. 우리는 잘 통했다. 유사한 유년 시절의 아픔부터 연애관, 취업과 진로에 대한 이야기를 체면 없이 솔직하게 나누는 사이가 되었다. 시를 끄적이던 내 선배가 유학을 결심하면서 자신이 품고 있던 시집들과 이 친구를 물려주고 떠난 것만 같았다.

친구와 만나 식사를 하던 중 우리는 수험생과 엄마라는 주제를 내려놓고 오로지 밥 이야기만 나누었다. 뷔페식당에서 원하는 음식을 여러 번 다시 떠다 먹으며 음식 품평하기에 바빴다. 어설픈 위로 대신 앞에 놓인 밥을 최대한 맛있게 먹어주기로 마음먹고 간 자리였기 때문이다. 내 환한 웃음을 떠올리며 친구가 단 며칠이라도 수험 생활 중에 웃을 수 있기를 바랐다.

식당을 나와 조금 걸었을까. 타야할 버스가 도착하자 정민이는 "저 버스 타야 해!"라고 외치며 급히 포옹한 후 나를 버스 안으로 밀어 넣었다. 그녀는 버스에 올라탄 내게 급하게 편지 봉투를 건네줬다. 편지를 받아든 채 버스에 오른 나는 친구가 흔들어주는 손이 보이지 않을 때까지 고개를 돌려 눈인사를 했다. 친구의 모습이 더는 보이지 않게 되자 어서 편지를 읽고 싶어졌다. 하지만 봉투를 열자마자 가슴이 뭉클해졌다. 봉투 안에는 깨끗한 만 원짜리 지폐가 열 장이나 들어 있었다. 목이 메어 편지를 다 읽지도 못한 채 봉투를 가방 안으로 집어넣었다. 수험 공부와 아르바이트 생활을 병행하며 힘들게 모았을 그녀의 마음을 나는 오랫동안

틈에서 새으로

쓰지 못하고 책갈피처럼 보관해뒀다.

그날 나는 친구가 어른처럼 느껴졌다. 어른이란 어쩌면 하나의 역할인지도 모른다는 생각을 했다. 세월이 흘러 나이를 먹는다고 거저 어른이 되는 것은 아니었다. 자식이 생겨서, 조카가 생겨서… 그런 식으로 나보다 여리고 어린 존재가 등장하며 시작되는 어른 노릇이 우리를 진짜 어른으로 만들어주는 것 같았다. 처음엔 어른 노릇이 서툴고 쑥스럽지만 계속 고민하고 노력하는 동안 우리는 아랫사람을 능숙하게 챙기는 진짜 어른이 된다.

정민이의 문자를 곱씹으며 나의 작은 아기를 바라봤다. 이 작은 생(生)보다는 조금이라도 어른다워야지 하는 책임감이 다시 한 번 몰려왔다. 나와 같은 마음으로 정민이도 조카의 어린이날을 챙겼을 것이다. 그러니까 오늘은 나은이의 첫 어린이날이면서 우리의 '첫 어른날'이라 불러야 할 것 같다.

친정엄마 없이 아이를 낳으러 경주에 갔을 때, 생후 이틀이 된 나은이에게 심한 황달이 찾아왔을 때, 출산한 병원에서 더 큰 병원으로 옮겨 치료를 권했을 때, 경주에서 유일한 대학병원 신생아실이 때마침 공사 중이란 소식을 들었을 때, 군인인 남편의 출산 휴가가 끝이 나서 나와 아이를 두고 홀연히 복직했을 때, 나 홀로 산후조리도 안 된 몸으로 찬바람을 맞으며 경주와 포항 병원을 오가던 때. 하루에 한 번 30분간 아이를 면회하고 발걸음을 돌려 경주로 오던 길, 정민이는 나와 같이 울어주던 애였다.

"정민아, 나는 말이야, 네가 꼭 선생님이 되면 좋겠어. 그래서 이다음에 나은이를 가르쳐주는 날이 오면 좋겠어. 조금 느려도, 생각이 많아도, 눈물이 많아도, 아픔이 많아도, 오지랖이 넓어도 괜찮다고 말해주는 그런 어른 선생님."

여리디여린 아이는 어느새 자라 화천 산양리에서 50일을 맞이했다. 슬픔이란 감정은 휘발성이 강해서 오래 기억되지 못한다. 우리 부부는 그때의 애가 타던 마음을 까맣게 잊고 아침부터 서로 아이를 안아보겠다며 하하, 호호 장난을 친다. 정민이에게 밀린 숙제를 제출하듯 아기 사진을 보내줬다.

"이제 걱정하지 않아도 돼. 벌써 이만큼이나 컸어!"

아기의 작은 손가락을 콧구멍에도 넣어보고 발가락을 입술로 암암 물어보기도 했다. 달달한 아기 냄새가 집안 가득 차올랐다. 누워서 천장만 바라보던 아이가 등을 떼고 싶어서 울기 시작하면 우리는 안아주거나 아이를 바닥에 엎드려 놓았다. 그럼 아이는 그 언젠가 아버지들 자동차에 한 마리씩 붙어 있는 머리 흔드는 강아지 인형처럼 무거운 머리를 흔들흔들했다. 그 모습은 또 어찌나 사랑스러운지 흘러내리는 볼살에 연신 뽀뽀를 했다.

남편은 어린 아기를 데리고 이 좋은 날에 어딜 가면 좋겠냐고 물었다. 나는 사슴과 신, 호랑이가 산다는 고개를 지나 가장 깊은 초록마을로 가고 싶다고 했다. 화천에서도 오지 중에 오지로 손꼽히는 '비수구미 마을'이었다. 우리는 아이를 데리고 한 시간 동안 거친 비포장 도로를 달렸다. '육지의 섬'이라 불리는 마을로 들어가 아이를 가슴에 달고 초록 속을 천천히 걸었다. 오직 자연의 소리만 들리는 깊은 원시림 안에서 맑은 공기를 나눠 마셨다.

"나은아 꼭 잠가둔 초록이 퐁퐁 터져 나오는 계절이야."

나은이는 내 가슴팍에 매달려 한 번도 울지 않고 천천히 초록을 응시했다. 시끌시끌하고 화려한 유원지 대신 인간의 자그마한 발로 울창한 나무 아래에 설 수 있어 다행이었다. 짙푸른 숲이 우리 세 가족을 안아주는 느낌이었다.

그날 밤, 아이를 재울 때 작은 손을 꼭 잡고 뱃속에 있을 때 지어준 태명 '희봄'이를 불러봤다. 나는 아이를 재울 때마다 떠오르는 모든 대상을 부르며 그 대상이 아이를 사랑한다고 자주 말해준다. 자장가처럼 "엄마 아빠도 나은이를 사랑해, 할머니 할아버지도 나은이 사랑해. 이모도 나은이 사랑해" 하고 말한다. 모든 인물의 나열이 끝나면 자연물로 넘어간다.

"꽃도 나무도 물도 바람도 모래알까지 모두 다 나은이를 사랑해."

부모에겐 오늘이 가장 작은 아이, 그래서 황소만큼 커버린 자식을 앞에 두고도 늘 애틋하고 짠함을 느끼는 세상 부모들. 거저 주어지는 아이란 없다. 어른으로 태어난 아이도 없다. 나의 아기와 이제 막 어른이 되어가는 큰 아기들까지 오늘밤, 부모의 사랑을 느끼고 행복했으면 좋겠다.

들에서 샛으로

이야기 둘

초록
읽어주는 엄마

이야기 둘

초록 읽어주는 엄마

01 겨울바람을 곱씹는 산책
첫눈이 내린다

구석구석 헐은 욕실, 낡고 작은 욕조에
따끈한 물이 가득 담기면
이만하면 충분하다는 생각을 한다.

푸성귀도 동지가 지나면 새 마음을 먹는다고 했다. 일 년 중 밤이 가장 긴 동짓날, 오늘은 아이와 붉은 팥죽을 쑤어 나눠 먹었다. 산양리의 겨울은 예상대로 아주 춥고 고요했다. 친정엄마는 이 동짓날을 기준으로 해가 노루 꼬리만큼 길어진다고 했다. 노루의 꼬리를 본 적은 없었지만 아주 조금씩 해가 길어지는 것을 느낄 때마다 시간을 형태에 비유한 엄마의 말솜씨에 감탄했다. 그렇게 내 마음은 벌써 봄을 향하기 시작했다.

　겨울이 시작되자 온 집을 기어 다니던 아이가 주변의 뭔가를 잡고 일어서기 시작했다. 그동안에는 아이를 따라 나도 집을 기어 다니며 방 청소를 했었다. 내가 훔치지 않은 곳만 골라서 구석구석 팔과 무릎으로 열심히 닦고 다니던 나은이. 이 아이와 함께할 산책을 기대하는 일은 어느새 긴 겨울을 견디는 힘이 되었다.

　웃바람이 심한 아름드리 관사에서 우리는 옷을 두껍게 껴입고 생활했다. 그러면 몸도 마음도 점점 둥글어지는 기분이 들었다. 목욕을 앞두고는 추위에 맞설 마음의 준비를 단단히 해야만 했다. 먼저 작은 히터로 욕실 공기를 데우고 따뜻한 물을 받는다. 그리고 껴입은 옷을 하나씩 하나씩 허물 벗듯이 벗어 재낀 후 작은 욕조에 아이를 데리고 들어간다.

겨울에는 아이와 함께 목욕을 할 때라야 비로소 서로의 맨몸을 살필 수 있다. 엄마는 티끌 하나 걸치지 않은 아이의 몸이 그간 얼마나 자랐는지 서둘러 확인한다. 깔깔깔 웃으며 몸을 씻는 사이, 욕실 문 앞에는 우리의 허물들이 한 무더기 쌓여 주인이 나오기만을 기다린다. 구석구석 헐은 욕실, 낡고 작은 욕조에 따끈한 물이 가득 담기면 이만하면 충분하다는 생각을 한다. 추위가 선사하는 따뜻한 행복이 여기에 있다.

겨울의 빛은 유난히 낮고 깊게 집안까지 들어왔다. 해는 짧았지만 오후의 햇살이 깊이 들어와 닿을 때 그 어느 계절보다 따끈한 감동을 느꼈다. 아이의 첫 겨울, 빛이 가장 아름다운 오후 시간이면 패딩 우주복을 야무지게 챙겨 입혀 산책에 나섰다. 평균 기온 영상 4도쯤이면 망설임 없이 밖으로 나가 겨울 공기를 마신다.

오늘은 오랜만에 언덕을 내려가 읍으로 향했다. 우리 모녀의 덥수룩한 머리카락을 정리하고 싶었기 때문이다. 난 미용실을 운영하는 이모님은 손님 머리를 만지다가다도 이따금 미용실 문을 벌컥 열어젖혔다. 건너편 횡단보도를 건너는 할매들에게 손짓하기 위해서였다. 불투명한 유리창 앞을 지나는 실루엣만 보고도 단골을 귀신같이 알아본다.

"은니야, 온 김에 오늘 마 잘라라."

구수하게 소리치는 이모님. 우리는 미용실 안으로 들어서 따뜻한 난로의 온기를 느끼며 차례를 기다렸다. 드디어 내 품에 안긴 채 처음으로 앞머리를 자르려던 순간, 차가운 가위가 이마에 닿자마자 울고불고 내게 매달리기 시작했다. 아이에게 시범을 보이기 위해 내가 먼저 앞머리를 잘랐다.

"이것 봐, 나은아. 하나도 안 무서워."

돌도 안 된 아이에게 그 말이 통할 리는 없었다. 어르고 달래어 결국 나은이도 앞머리를 잘랐다. 종이를 자른 듯 반듯하고 촌스러운 일자 앞머리를 한 모녀. 머리를 자르고 나니 어쩐지 몸과 마음이 가벼워졌다. 우리는 오늘 난 미용실에서 사이좋게 '난 여자'가 되어 나왔다. 하늘에서는 흰 눈이 예쁘게 날리고 있었다. 나은이에게는 첫눈이었다.

나는 나은이에게 차에 탄 채 목적지만 오가는 여정 말고 춥더라도 두 발로 씩씩하게 걸으며 겨울바람을 곱씹는 산책, 심심한 겨울이 갖는 쉼의 의미를 알려주고 싶었다.

"나은아, 우리의 산책에는 목적지도 딱히 없지만, 이렇게

찬바람을 마시면서 몸이 추위에 적응하는 법을 배우는 것도 너에겐 중요한 일이야. 겨울은 '겨슬'이란 말에서 온 거래. 집에 머물다, 집 곁에 머문다는 의미래. 모두가 겨울잠을 자려고 자기만의 집으로 돌아가는 것처럼 우리도 집에 있는 시간을 너무 답답해하지 말고 잘 견디자."

   눈이 내리고 쌓이는 소리까지 가까이에서 들리는 고요한 산양리의 아름드리. 아무도 발 디디지 않은 새하얀 눈 덮인 세상을 통과해 집으로 가는 길. 언덕은 이미 눈이 쌓여 차로 오르기 위험한 수준이 되었다. 마침 장을 보고 온 이웃 가족들은 장 봐온 물건을 어딘가에 내던지고 거의 기는 수준으로 언덕을 올라가고 있었다. 우리 모녀도 씩씩하게 조심조심, 언덕 위의 집으로 기어 올라갔다. 나은이의 첫 겨울이 노루꼬리만큼 짧아지고 있었다.

02   참견이 아닌 너른 마음
할머니의 오지랖

누군가의 못난 마음까지 넓게
가려줄 수 있다면
그것만으로도 고마운 일.

읍에 나가려고 한 시간에 한 대 있는 7번 농촌버스를 기다렸다. 아름드리 아파트에서 정류장까지는 걸어서 15분 정도 걸리지만, 아기를 안은 채 언덕을 뛰어 내려갈 수는 없어서 늘 마음을 졸이며 서두르게 된다. 버스는 정류장에 사람이 없으면 그냥 지나치기 일쑤라서 더욱 미리 도착해 있어야 했다. 이날도 나은이를 업고 뛰듯이 걸음을 재촉했다.

엄마의 불안을 느낀 아이는 바로 울음을 터트린다. 그래서 나는 언덕을 내려갈 때마다 동요 '개굴개굴 개구리'를 개사해 '희봄희봄 희봄이~ 노래를 한다' 하며 불러준다. 그렇게 아이를 달래며 걸어오다 보니 늦지 않게 정류장에 도착했다. 문제는 시간이 한참 흘렀는데도 마을버스가 코빼기도 보이지 않는다는 거였다.

버스를 놓친 건가? 불안해하며 한참을 서서 기다리는데, 할머니 한 분이 정류장으로 들어왔다. 할머니는 내게 버스가 아직 안 왔냐고 물었다. 그렇게 대화의 물꼬가 트고 할머니와 두런두런 이야기를 나누며 오지도 않는 버스를 하염없이 기다렸다. 40분쯤 지나자 정류장 맞은편 나들가게 사장님이 나와서 버스 소식을 전해줬다.

"아이고 버스가 말고개에서 고장이 났대유. 좀 있으면 다음 버스 오니까 기다리세유."

한 시간을 넘게 기다리고 나서야 다음 버스가 도착했다. 아이는 오래 안겨 있느라 불편했던지 칭얼거리기 시작했다. 같이 버스에 오른 할머니가 나은이를 달래느라 애쓰셨다. "아가~ 우리 아가가 울려고 그러는 줄 알았는데, 이제 보니 노래를 하네~ 노래 잘하네~ 오냐~ 오냐~" 하며 아이의 머리를 쓰윽 쓰다듬었다. 쪼글쪼글 주름이 진 두툼한 손으로 아이를 만지는 게 어쩐지 기분이 좋았다.

읍내에 도착해 감사 인사를 드리고 가던 길을 가려는데, 할머니는 쉽게 걸음을 옮기지 못했다. 화장실에서 손을 씻고 나온 뒤에도 계속 내 주변을 맴돌다가 만 원짜리 한 장을 불쑥 건넸다. 정중하게 사양을 해도 끝까지 고집을 부리시며 용돈을 쥐어주고 시장 쪽으로 유유히 걸어가던 할머니. 나는 할머니와 방향이 같았지만 한참을 그 자리에 서서 뒷모습이 사라질 때까지 기다렸다.

'곽도'라는 미역섬에 사는 팔십 대 할머니가 생각났다. 전라남도 진도에서 한참 떨어진 작은 섬인데, 질 좋은 미역이 많이 난다고 해서 '미역섬'이라고 부른다. 원래부터 열 가구

남짓 사는 작은 마을이었는데, 섬을 떠나는 이가 하나둘 늘면서 지금은 거의 빈집이라고 했다.

미역섬 할머니는 주인도 없는 빈집에 들어가서 공연히 살던 이웃의 이름을 부르며 마당에 난 무성한 풀을 뜯곤 했다. 할머니는 육지에 가는 날 유일하게 세상과 맞닿았다. 배가 이 섬, 저 섬을 돌며 태운 어르신들은 육지로 향하는 동안 오래 알고 지낸 친구 사이처럼 서로 안부를 물으며 울고 웃었다. "왜 나이 들면 오지랖이 넓어지지?" 나는 혼잣말을 했었다. 나이 든 어른들이 모두에게 친절한 까닭은 '오늘이 인생의 마지막 날이 될지도 모른다'는 노파심 때문이라고 했다.

요즘에 와서야 나는 오지랖의 의미를 다시 생각한다. 윗옷 앞자락 폭이 넓은 것을 뜻하는 이 단어는 주로 참견이 과한 사람에게 일침을 가할 때나 사용했단다. 하지만 지금은 이 단어가 오히려 정감 있게 느껴진다. 누군가의 못난 마음까지 넓게 가려줄 수 있다면 그것만으로도 충분히 고마운 일이다. 어딘가 쓸쓸한 할머니의 뒷모습을 바라보면서 나도 체면을 조금 내려놓고, 오지랖을 마음껏 부리며 살아야겠다는 생각을 했다.

초록 읽어이주는 엄마

03   오물오물, 냠냠
대신 먹어드립니다

처음으로 내가 밥 두 공기를
뚝딱 비우던 날,
그날 시금치무침이 얼마나 달큰했는지.

나은이가 드디어 말을 시작했다. 아기를 키우는 부모는 하루에 열두 번도 더 거짓말을 한다더니 드디어 나의 귀도 객관성을 잃었다. 아이가 웅얼거리기만 해도 나에게 말을 걸어오는 것 같다. 하지만 이번에는 진짜였다. 나은이가 한 번 더 또박또박 말했다.

"어엄… 마아! 맘 마!"

아직 걷지도 못하는 아이가 어금니까지 돋아나더니 발음이 제법 정확해졌다. 뭐든지 입으로 들어오면 꿀떡꿀떡 삼키는 식성 좋은 나은이. 아이 밥을 챙겨 먹이다 말고 잠깐 가스레인지 불을 끄려고 엉덩이를 뗐다. 그 사이 아이가 집게손가락으로 자신의 밥그릇을 가리키며 맘마, 맘마를 외쳤던 것이다.

"응, 알았어, 알았어. 빨리 줄게."

나은이와 달리 나는 밥을 잘 먹지 않는 아이였다. 친정엄마가 밥그릇을 하루 종일 들고 따라다니며 칭찬과 협박, 설득과 야단을 반복해도 입을 쉽게 벌리지 않았다. 점점 말라가는 첫아이 때문에 스물셋 어린 내 엄마는 부엌에 걸터앉아 엉엉 운 날도 많았다고 한다.

'조금 잘게 다지면 삼키려나, 알맹이가 씹히면 오히려 식감이 나을까?'

엄마는 식재료를 찌고 말리고 갈기도 하면서 때마다 내 밥을 대령했다. 그런데도 나는 초등학교 3학년이 될 때까지 음식을 거부했다. 지금에서야 알게 된 일이지만 나는 전형적인 유아 거식증 환자였다.

엄마는 부산 신발 공장에서 아버지를 만났다고 했다. 여섯 살 많은 아버지는 친구들과 공장 여직원들의 가방을 뺏어오는 장난을 쳤고, 가방을 돌려주는 대가로 데이트를 요구했다. 가방 주인이 바로 우리 엄마였다.

엄마는 순하고 흰 아가씨였다. 그런 그녀가 처음 품은 아이가 바로 나다. 입덧인 줄도 모르고 속이 더부룩하다며 아버지와 데이트를 할 때마다 열심히 콜라를 마셨다고 했다. 얼마 지나지 않아 부모는 나의 존재를 알게 되었다. 가난한 부부는 결실을 지키려고 최선을 다했다.

셋방살이하는 모든 이가 변소와 마당 하나를 함께 쓰는 집. 해변 앞 횟집 골목 사이에 있는 달방에서 나는 오래 자랐다. 먹는 것은 적었지만 힘이 넘치는 아이였고 꿈도 많았다. 모래사장 위에 야시장이 펼쳐지면 동네 언니 오빠들과

초록 읽어주는 엄마

어른들 몰래 깡통 케첩을 챙겨와 따서 마셔보기도 하고 가게 장식품 따위를 뜯어다 소꿉놀이를 했다. 쥐불놀이를 하다가 머리를 홀랑 태워먹은 날도 긴 방파제 위에서 눈을 감고 걷다가 바다에 빠진 날도 있었다. 고삐 풀린 망아지처럼 쉽게 갈피를 잡지 못했던 유년 시절의 나. 엄마는 마르고 별난 아이를 잡으러 온 해변을 뒤지고 다녔다.

먹지 않을 것이 뻔한 아이의 밥상에 엄마는 늘 정성을 쏟았다. 고민의 흔적이 역력한 갖은 반찬이었다. 엄마 마음이 통했는지 시금치가 돋아나던 어느 봄날, 나는 갑자기 입맛이 돌아 제 스스로 밥을 퍼먹기 시작했다. 처음으로 내가 밥 두 공기를 뚝딱 비우던 날, 그날 시금치무침이 얼마나 달큰했는지 지금까지 기억이 생생하다. 기쁨이 차올라 금방이라도 울 것 같았던 엄마의 표정, 격한 칭찬에 힘입어 숟가락을 계속 입으로 가져갔던 나. 그날 이후부터 나는 밥을 복스럽게 먹는 사람이 되었다.

아이의 돌잔치가 끝나고 친정 경주에 내려가 한 달 동안 머물렀다. 친정엄마는 우리가 머무는 내내 내 밥은 물론 나은이의 이유식까지 만들어주셨다.

"나처럼 아이를 키우면 절대 안 된다. 만지고 어질러도 이게 얼마나 훌륭한 교육이니. 그 시절엔 우린 너무 깔끔했고 엄했어. 식사란 즐겁고 귀한 시간이란 것을 아이에게 알려줬어야 했는데."

입을 벌려 덥석덥석 밥을 받아먹는 나은이를 보며 30여 년 전의 엄마가 떠올랐다. 먹지 않아서 엄마 속을 까맣게 태우던 빼빼 마른 나와 언제나 애끓는 표정으로 나를 바라보던 엄마. 누군가 아이가 아이를 키운다며 손가락질을 해도 엄마는 여린 몸으로 씩씩하게 나를 포대기에 업고 동네를 누볐을 것이다. 그런 친정엄마가 딸의 딸, 나은이의 입으로 당신이 지은 밥이 넘어가는 모습을 보면서 환하게 웃음 짓는다.

04   집 밖으로 여행

아기 셋, 엄마 셋!
오키나와로

아빠 없이 아기와 엄마 단둘이
3종 세트로 여행을 떠나려는 사람이
우리뿐이라는 사실을 자각했다.

유년 시절을 함께 보낸 친구 셋. 결혼 시기는 달랐지만 우리는 3개월 차이를 두고 나란히 딸아이의 엄마가 되었다. 사는 지역도 아이들의 발달 단계도 조금씩 다른 우리는 종일 휴대전화 속 작은 이야기 방에 모여 매일같이 육아의 시작과 끝을 알렸다. 아이를 돌보는 모든 순간이 녹록치 않았지만 집밖으로 나가길 주저하게 되는 긴긴 겨울에는 특히 더 고단했다. 그해 겨울, 우리는 매달 10만 원씩 여행 자금을 모으기로 했다. 그곳이 산이든 바다이든, 우리나라이든 그렇지 않든 설령 지구 밖이라 해도 어디론가 향하고 싶었다.

때는 6월, 근사한 여행을 꿈꾼 것은 아니었다. 단지 셋이 같은 공간에 모여 얼굴을 마주했으면 했다. 12개월, 16개월, 18개월이 된 아이를 각자 끌어안고 공항에 들어섰을 때 우리는 깔깔깔 웃었다. 아빠 없이 아기와 엄마 단둘이 3종 세트로 여행을 떠나려는 사람이 우리뿐이라는 사실을 자각하고서였다.

어깨를 드러낸 하얀 원피스를 입은 여행객 옆에서 아기 띠의 매무새를 추스르는 엄마 셋은 진지하고 씩씩했다. 비록 가슴팍에 달린 게 화려한 코르사주는 아니었지만 어디로 향하는지도 모른 채 생글생글 웃고 있는 아기들 덕에 더 기

대가 되는 여행이었다. 우리는 그렇게 세상에 둘도 없을 신선한 조합으로 생애 첫 3종 세트 여행을 떠났다.

물론 그 여행이 수월했다거나 낭만적이었다는 것은 절대 아니다. 차차 자아를 인식하고 자기주장을 펼치기 시작하는 돌 이후의 아기들은 번갈아 울고 소리를 지르기 바빴다. 민망했던 엄마들은 말없이 눈만 마주치며 격려의 미소를 보내야 했다.

오키나와 여행 기간 동안 날은 맑지 않았다. 나이 어린 녀석들이 여행하기에 어쩌면 흐린 날이 다행일지도 몰랐다. 하지만 상상 이상의 일이 펼쳐졌다. 흐린 정도를 뛰어넘어 여행 첫날밤부터 폭우와 뇌우가 시작되었다. 날씨만큼이나 힘든 일화는 그 다음이었다.

아이들 밥 때가 되자 엄마들은 예민해졌다. 고심 끝에 한 명이 아이 셋을 보기로 하고 나머지 둘은 장을 보기 위해 숙소를 나섰다. 아이 둘은 엄마가 안 보인다며 겁에 질려 울고 남은 한 아이는 자기 엄마가 다른 아이를 업고 달랜다며 울음을 터트렸다. 아이 셋을 동시에 업고 들고 안아 달래던 한 엄마는 장을 보러 나간 엄마들을 호출했다. 다 같이 식은땀을 흘린 순간이었다.

또 하나는 수영장 사건이었다. 아이들이 어려서 바다 수

아이가 물

영을 못할 바에야 잔잔한 물놀이라도 즐기자는 마음에 수영장이 딸린 숙소를 예약했었다. 하지만 우리는 입수 규제 대상이었다. 수질 관리 차원에서 대소변을 가리지 못하는 아이들은 풀장에 들어갈 수 없다고 했다. 방수기저귀도 안 된다며 완강하게 거절하는 바람에 들고 간 튜브는 무용지물이 되었다. 물을 앞에 두고도 들어가지 못하자 아이들은 또다시 통곡했다.

장대비 속에서도 엄마들은 씩씩하게 대여용 유모차를 밀고 다니며 아이들에게 또 다른 세상을 보여줬다. 떼를 지어 다니는 물고기들을 만나게 해줬고, 낯선 풍경과 문화 속으로 아이들을 안내했다. 어느새 아이들은 적응을 해 낯선 이들에게 손을 흔들며 인사를 했다. 미소를 건네고 익숙한 세계인 듯 손을 뻗었다.

오키나와 만좌모(바다 옆 언덕의 평평한 벌판) 앞에 드러누워 한참을 일어나지 않던 18개월짜리 아이, 돌아오는 비행기 안에서 배고픔에 쉼 없이 울었던 12개월짜리 아이, 장 보러 나간 엄마를 찾아 혼절하듯이 운 16개월 나은이까지. 여행이 아닌 고행에 가까운 시간이었음을 이제는 말할 수 있다. 그럼에도 눈물 쏙, 땀 삐질 흘리며 때로는 호탕하게 웃으며 그 시간을 통과했다.

여정이 끝날 때쯤 한국에 있는 남편에게 나은이 영상을 보내줬다. 아이는 바다를 향해 손가락질하며 "바다! 바다!"라고 외친 후 나를 향해 손을 흔들고 있었다. 남편에게 물었다. "무엇을 위해 나는 오키나와 여행을 결심했을까?" 영상을 본 남편은 이렇게 말했다.

"나 눈물 나. 나은이가 이 순간을 꼭 기억해주면 좋겠어. 아이들 모두 행복해 보인다."

남편의 대답을 듣고 곤히 잠든 아이 얼굴을 들여다봤다. 출발하던 날보다 어쩐지 더 자란 느낌이다. 남편은 말을 이어갔다. "나은이가 지금 이 순간을 기억하지 못하면 어쩌지?" 이번에는 내가 이렇게 대답했다.

"괜찮아. 우리가 대신 기억하잖아."

"그럼 우리가 사라진 뒤에는?"

"그것도 괜찮아. 우리 대신 나은이의 새 짝이 기억해줄 테니까!"

낯선 환경이었음에도 아이 셋과의 여행은 무탈하게 끝났다. 공항에서 친구들과 인사를 나누고 헤어진 뒤 나는 공항

버스 터미널로 향했다. 배낭과 짐 가방, 작은 크로스백과 휴대용 유모차를 짊어진 채 아이를 안고 씩씩하게 버스에 몸을 실었다. 비단 오키나와만이 아니라 엄마에게 집밖은 늘 전쟁터 같다는 생각을 했다. 아름다운 전쟁을 마치고 비장하게 돌아서는 엄마, 아이는 그런 엄마를 올려다보며 웃고 있었다.

05 나이면서 내가 아닌 존재에게

초록 읽어주는 엄마,
그린도슨트

길을 걸으며 아이 눈앞으로
펼쳐진 풍경을 차례대로 소개했다.

산양리에도 드디어 여름이 찾아왔다. 산은 빵처럼 부풀었고 우리가 사는 오래된 아파트는 무성한 숲 한가운데에 우뚝 서 있다. 초록이 번지고 번져 산 아래 집안까지 싱그러움이 솔솔 들어오는 나날.

추위가 한 걸음 물러나자 아이와 산책할 수 있는 시간도 늘어났다. 언덕을 내려갈 때면 경사만큼 내 몸도 기울어져 자꾸만 발끝에 힘이 들어간다. 언덕을 무사히 내려오면 제일 먼저 옥수수 밭이 눈앞에 펼쳐진다. 나은이 키만큼 자란 옥수수밭을 지나면 이윽고 감자밭이 나오고 그 한가운데에 오랜 세월 버티고 있었을 밤나무가 보인다. 연둣빛 밤 열매는 여린 가시를 햇볕에 말리면서 단단히 여물어가고 있다.

아이는 여름 열매들처럼 오동통 살이 오른다. 누군가에게 가르침을 받지 않고도 스스로 순차적으로 성장하는 모습이 기특하고도 감사하다. 뱃구레가 늘어난 아이의 먹성을 따라가지 못하는 어미의 모유양, 가뿐하게 아이를 안고 있지도 못하는 나의 약한 몸. 모든 점에서 나는 모자란 어미인 것만 같다. 그래서인지 아이의 무른 잇몸을 뚫고 단단히 돋아나는 작은 치아를 보니 기분이 묘했다. 아이와 나 사이에 연결된 끈들이 하나씩 정리되는 기분이다.

오늘은 아이가 처음으로 젖이 아닌 무언가를 먹어보는

날이다. 젖이나 우유가 아닌 이 땅에서 자란 것을 먹는 첫날을 기념해 노래를 들으며 자랐다는 쌀을 구해 미음을 지었다. 대단한 요리를 만드는 것도 아닌데 꽤 긴장이 되었다. 젖을 빠는 모양새와 똑같이 아기 새처럼 입을 동그랗게 벌린 나은이가 미음을 받아먹는다. 뿌듯하고 행복했다. 어미가 주는 것이 무해한지 유해한지도 모르면서 무한한 신뢰로 받아먹는 이 연약한 존재가 나는 애틋하다.

안방만 나서도 환하게 웃는 나은이를 보면 단둘이 하는 외출에도 점점 용기가 붙는다. 언젠가부터 밖에 나가면 조심조심 천천히 길을 걷게 되고 아이의 눈높이로 세상을 바라본다. 오늘은 처음으로 아기 띠의 방향을 달리해봤다. 늘 엄마를 향하던 나은이의 고개가 세상으로 향했다.

언제 계절이 이만큼 바뀌었는지 논에 댄 물이 얕은 강을 만들어 산 하나씩을 품고 있었다. 이제는 아기 띠가 주는 무게감이 제법 묵직하다. 길을 걸으며 아이 눈앞으로 펼쳐진 풍경을 차례대로 소개했다. 그러면 아이는 내 입술을 빤히 쳐다보다가 대꾸라도 하려는 듯 옹알옹알 속삭인다. 시골 골목 대문 앞을 지날 때마다 무섭게 짖어대던 개들이 이제는 순하게 꼬리를 살랑살랑 흔들며 반가운 척을 한다. 아이도 개를 보고는 자기 다리를 흔든다.

산양리 산책의 전환점은 마을의 작은 약수터이다. 이곳에서 띠를 풀고 내 몸에 붙어 있던 아이를 꺼내 바람을 쐰다. 아이에게 흐르는 개울을 보여주고 약수터 앞 버드나무를 소개하며 숨을 고른다. 나은이가 내 뱃속으로 오기 전부터 남편과 나는 산양리에서 이곳을 가장 좋아했다. 약수터 앞에는 커다란 버드나무가 있는데, 이 나무를 기점으로 소소한 산보가 가능한 아담한 동산이 펼쳐진다. 날이 좋으면 동산 위로 올라가 땀을 식힌 후 다시 약수터로 돌아와 물을 한 잔 마시기도 한다.

하지만 나은이와 단둘이 집을 나선 날에는 생각을 잘해야 한다. 걸어간 만큼 다시 돌아올 거리를 생각해야 해서 내게 남은 힘을 자주 가늠해야 한다. 언덕이 보이기 시작하면 기합을 가득 넣고 아기 띠를 추스른다.

지그재그 모양으로 발걸음을 옮기며 등반에 가까운 산책을 시작했다. 저 높은 아름드리 아파트 주변으로 무성하게 질서 없이 자라난 풀들이 보인다. 아무도 벤 적이 없어서 태어난 모습 그대로 자연스럽게 자라고 있는 식물들이다.

이야기 날

초록 입혀주는 엄마

문득 친정집 아파트 앞 화단이 떠올랐다. 누군가 심고 싶은 것을 심어두면 오가는 주민들이 알아서 잡초를 뽑고 아무나 그 열매를 거둬 먹는 텃밭. 나는 그 질서 없는 정다움에 자주 마음을 빼앗겼다. 언젠가 친정집 앞 화단에서 연둣빛의 덜 익은 모과를 하나 따서 집으로 들고 간 적이 있다. 엄마는 미리 딴 과일은 익지 않는다며 앞으로는 따지 말라고 나를 타일렀다. 언덕을 오르며 미리 딴 열매의 의미를 되새겼다.

'열매를 수확하기 위해 적당한 때가 있는 것이구나.'

아이의 조그마한 발이 적당히 리듬감 있게 흔들리다 멈췄다. 삐질삐질 땀이 난 손으로 버들강아지 풀을 꼭 쥔 채 내 가슴에 붙어 잠이 든 나은이를 바라본다. 근심 하나 없이 평온히 잠든 아이, 어쩌면 가장 적당한 때에 이 녀석이 내게로 날아온 게 아닌가 싶은 순간이었다.

06   유년의 집, 강남주택
떠올리면 여전히 따뜻한

돗자리를 깔고 옥상에 누워
하늘을 바라보면
등짝이 따뜻해져오던 빌라.

내 고향집은 초록 배추밭과 10층짜리 아파트 사이에 자리한 작은 다세대 빌라이다. 네 가구가 사는 2층짜리 건물이었는데, 빌라 이름이 '강남주택'이었다. 엄마는 막 유치원을 졸업한 나와 아장아장 걸음을 떼려는 동생을 데리고 봄날, 제비처럼 이 집에 입주했다. 부모님은 모두 부산 출신이었지만, 제철소 일을 소개 받은 아버지를 따라 처음으로 포항 땅을 밟았다. 하지만 아버지는 자리를 잡지 못했고, 결국 목수가 되어 여기저기 남의 집을 지으러 다녔다.

　포항 북부 해수욕장 앞은 횟집들이 즐비하다. 횟집과 횟집 사이, 좁은 골목 안쪽으로 들어가면 셋방살이를 하러 모여든 사람들로 한층 더 와자하다. 우리 가족도 그 틈바구니에 끼어 단칸방 하나를 차지하고 살았다. 사글세 생활을 마치고 강남주택으로 이사를 오던 날, 어린 내 눈에도 엄마는 행복해 보였다. 빌라 건물이 막 지어져 색을 입기도 전에 부모님은 열심히 빈집을 드나들며 상태를 살폈다.

　그때마다 엄마는 "여기는 네 방이야. 엄마가 꼭 침대도 사주고 책상도 사줄게"라고 말했다. 엄마는 정말 내 방을 마련해줬고 작은 방에 책상과 옷장과 침대까지 넣어줬다. 이사하던 날 우리 집 화장실 창문 위로 '강남주택'이란 글씨가 칠해지고 있었다. 여섯 살 인생을 살면서 집주인의 이름패는 본 적이 있어도 집 자체에 이름이 있다는 사실은 그때 처음 알았다. 파란 페인트로 그려 놓은 빌라 이름을 볼 때마다 새 학기 학용품에 붙은 내 이름표를 보는 것처럼 기분이 좋았다.

엄마는 신혼집을 장만한 새색시처럼 열심히 집을 쓸고 닦았다. 없는 살림에도 집을 가꾸는 재미를 알아갔고 동시에 아늑한 공간이 주는 특유의 여유를 품기 시작했다. 방안 곳곳이 닳도록 닦아서 더는 쓸고 닦을 곳이 없어지자 엄마는 집밖으로 나가 옥상을 가꾸기 시작했다. 하얀 스티로폼 박스를 주워다가 흙을 퍼 담고 그곳에 고추와 깻잎, 토마토를 심었다. 나는 엄마와 함께 하루 한 번 작물들에게 물을 줬다. 주말 아침, 아버지가 옥상 위의 노란 물탱크에 호수를 연결해 빌라 꼭대기 층 전체에 물을 흩뿌릴 때 나는 내가 깻잎이라도 된 것처럼 신이 나 팔랑거렸다.

내가 중학생이 되고 동생이 유치원생이었을 때에도 우리는 여전히 강남주택에 살았다. 오랜 시간 그 집에서 부비고 살아서인지 많은 추억이 있다. 동생은 집에 들어오는 시간

초록 읽어주는 엄마

이 늦어진 언니 때문에 조금 무료해했다. 엄마는 그런 동생에게 병아리 한 마리를 사줬다. 우리는 병아리를 옥상에서 키웠는데, 죽을까 봐 걱정이 되어 얼마나 자주 꼭대기 층을 오르내렸는지 모른다.

동생과 나는 종종 배추밭에 나뒹구는 배춧잎을 주워왔다. 노란 병아리는 풀만 먹고서도 두둥실 살이 올라 제법 몸뚱이가 커졌다. 새벽마다 옥상 난간 위에 올라서서 "꼬끼오, 꼬끼오" 하며 홰를 치는 수탉으로 자라날 때까지 두 계절이면 충분했다. 하지만 우리 집 주변 10층짜리 아파트에 사는 주민들은 강남주택을 내려다 보며 원성을 퍼부었고 장성한 닭은 동생이 잠든 사이 닭죽이 되고 말았다.

돗자리를 깔고 옥상에 누워 하늘을 바라보면 등짝이 따뜻해져오던 그때 그 빌라. 목덜미의 때가 덜 빠진 교복 셔츠를 탁탁 털어 옥상 빨랫줄에 널 때, 동생과 인형놀이를 하거나 술래잡기를 하느라 뛰어다닐 때… 10층 아파트 어딘가에서 우리를 부르던 목소리, 하지만 끝내 그 근원을 찾지 못해 분해하며 아파트를 대중없이 째려보던 날들이 있었다. 가스버너를 들고 올라가 고기를 구우며 스티로폼 화분에서 자라고 있는 깻잎과 고추를 뜯어 쌈을 싸먹던 날들, 온 동네로 고기 냄새가 퍼지면 어느새 이웃들 모두 강남주택 옥상으로 모여들어 맥주를 마셨다. 아이들은 그 소란스러움에 흥분해 저들끼리 뛰어노느라 밤늦도록 잠을 이루지 못했다.

유년의 집을 회상하며 일기를 쓰는 동안 잠든 나은이가 뒤척인다. 결혼하고 다섯 번째 이사를 했고 새집으로 이사와 생활한 지 오늘로 딱 한 달이 되었다. 기나긴 산양리 생활을 마무리하고 읍내로 이사를 나온 것이다. 아이는 새집에서도 잘 자고 잘 놀며 잘 먹었다.

아이에게 이불을 흡신 덮어주며 볼을 쓰다듬었다. 막 돋아난 새순처럼 부드러운 아이, 잦은 분갈이에도 뿌리 상하지 않고 잘 자라준 아이를 바라보며 문득 나의 유년의 집은 왜 '강남주택'이라 불리게 되었을까 궁금해졌다. 남쪽에서 날아온 제비의 둥지처럼 따뜻하고 즐거웠던 나의 유년의 집.

07   바다의 계절, 추분(秋分)
행복의 둘레를 넓혀간다

부모와 아이, 서로가 가장 아름다운
모습으로 마주한 이 순간이 꼭 추분 같다.

낮과 밤의 길이가 똑같은 날이 일 년에 두 번 있다. 춘분과 추분. 살아오면서 밤이 길거나 낮이 길거나 하는 변화에 민감하지 않았지만 아이를 낳고 키우면서 계절감이 살아났다. 어른들이 아이에게 계절을 알려주는 것은 아이 스스로 생명을 지켜나갈 지혜를 전해주는 일이다. 계절에 맞는 옷을 입고 그 철에 나고 자란 재료를 알려주며 함께 제철 요리를 만들어 먹는 삶. 생을 건강하게 지켜가는 지혜는 결국 사계절 안에 담겨 있다.

굳이 배움이 없어도 계절은 자연스레 익히는 거라고 생각할 수도 있지만 나는 봄, 여름, 가을, 겨울의 뚜렷한 변화를 산책을 통해 아이에게 알려주고 싶었다. 사계절뿐만 아니라 계절 사이사이 신비롭게 맞아 떨어지는 절기까지, 아이와 나눌 수 있는 이야기는 매우 풍성했다.

오늘은 열두 절기 중 추분이다. 추분을 기점으로 낮의 길이가 조금씩 줄어들기 시작한다. 아이가 맞이한 계절의 횟수를 헤아리는 동안에 내가 살면서 거친 수많은 계절과 시간도 얼추 계산이 된다. 나의 삼십 대, 나은이에게는 이 순간의 내 모습이 가장 건강하고 젊은 엄마로 기억될 것이다. 나에게도 그렇다. 아이의 지금이 너무 예뻐서 늘 이대로라면 좋겠다.

부모와 아이, 서로가 가장 아름다운 모습으로 마주한 이 순간이 꼭 추분 같다는 생각이 들었다. 내일부터 나는 붉게 물드는 여느 나뭇잎들처럼 더 그윽해질 것이고, 아이는 어린 묘목처럼 몸집을 키우는 데 집중할 테니 말이다. 아이들은 이 무렵 눈에 띄는 성장을 한다. 제법 잘 걷게 되고 가만히 들으며 기억해 놓은 말들을 쏟아낸다. 그래서 나는 18개월 귀여운 나은이의 예쁨을 눈에 담기 바쁘다.

아이를 낳은 후 나는 한 계절을 쪼개다 못해 달까지 세기 시작했다. 사실 모든 부모가 다 그런 것 같았다. 아기를 달고 다니는 부모들은 마주치면 서로 인사처럼 아이가 태어나 살아온 개월 수를 물었다. 아이의 생후 시간은 곧 부모가 된 시간이기도 했다. 시간을 거슬러 올라가다 보면 생각은 결국 내 유년 시절로 가 닿는다. 그리고 내 늙은 부모에게 엄마와 내가 가장 젊고 아름다운 모습이었을 때를 묻고 또 묻는다.

"우리 엄마 엄청 예뻤네! 나도 참 귀여웠구나."

아이에겐 생애 두 번째 가을, 그리고 나의 서른두 번째 가을이다. 그림 위에 습자지를 올려 놓은 듯 시간과 풍경이 또렷이 흘러간다. 지난 계절의 경험을 밑그림으로 삼아 그 위에 현재 우리 모습을 올려 따라 그려봤다. 그러는 동안 작년

보다 더 자란 몸과 마음의 둘레가 느껴진다. 아이는 자라고 나는 가을 낙엽처럼 물들어간다.

'우리 아기 지금보다 훨씬 더 작았었네.'

이렇게 작고 여렸던 아기에게 충분히 사랑을 주지 못한 것 같아 반성도 된다. 줘도, 줘도 늘 충분하지 못한 마음 때문인지 부모의 마지막 인사는 항상 '미안하다'로 마무리된다.

한 생명을 기르는 일을 오랫동안 망설였던 우리 부부는 요즘 그 어느 때보다 많이 웃는다. 아이가 없었더라면 나는 지금 무엇을 누리고 있을까 생각해본다. 혼자 서울에 남아 내 일을 하던 그때에는 어제와 오늘의 경계, 매일 반복되는 시간의 경계가 모호했다. 계절이 어떤 모습으로 다가오는지도 알아차리지 못할 만큼 바쁜 삶이었다. 하지만 지금보다는 편안하게 혼자서 영화를 봤을 것이다. 일도 자리를 잡아 한 숨 돌릴 수 있었을 테고, 지금보다 날씬한 몸에 만족하며 유행을 놓칠세라 부지런히 계절 옷을 사 입었을지도 모른다.

언젠가 옷장을 정리하다가 꽤 여러 벌의 옷을 버렸다. 그 땐 참 예뻤는데 지금은 이 옷들이 전혀 상큼하게 느껴지지 않는다. 나의 나다움을 충분히 누리고 부지런히 스스로를 자랑하며 살아왔던 그 시기가 이제는 다른 장으로 넘어가려는 듯하다. 혼자 만족하고 행복해하던 시간을 뛰어넘어 세 가족이 아웅다웅하며 행복의 둘레를 넓혀가는 삶. 남은 내 열정을 어디에 어떻게 써야 할지 조금씩 감이 잡힌다.

아이가 넘어지지 않고 안정감 있게 잘 걷기를 소망했던 지난 가을이 아주 먼 일처럼 느껴진다. 발달이 빠르고 느린 것을 걱정하던 날이 무색할 정도로 아이는 이제 아주 잘 걷는다. 느릿느릿 기던 아이가 어느새 나무처럼 두 발로 서서 내게 달려온다. 엄마는 그저 아이를 기다려주면 된다는 사실을 깨닫기까지 1년이 걸린 셈이다. 우리의 일상을 지켜보던 친정엄마의 말이 떠오른다.

"반복되는 사계절 따라 매번 같은 장소에 가는 이유를 이제 알겠어. 아이가 얼마나 자랐나 키 재기를 하듯이 같은 자리, 그 풍경 앞에 아이를 세우고 눈금을 그리고 있었던 거구나."

늘 짧게만 느껴지는 가을, 나는 내일도 아이와 부지런히 이 길을 달려야겠다.

08 봄철 풀도 한 떨기 꽃처럼
제비들의 맘마, 맘마, 엄마

우리는 엄마 밥을 오래 먹었고
여전히 그 밥을 먹고 자란다.

양말처럼 신고만 다니던 신발에 처음으로 흙이 묻었다. 아이는 스스로 걸음을 옮기고도 신기한지 활짝 웃으며 다시 한 발을 뗀다. 무릎보다 조금 더 올라오는 나의 작은 아기. 아이와 화천의 장을 누빈다. 아이는 다시 가만히 서서 "꼬옷, 꼬옷" 발음하며 좌판을 가리켰다. 신기하게도 아이는 봄풀만을 골라 부르고 있었다. 나는 신이 나서 아이가 손가락질한 좌판 앞으로 바짝 다가가 달래와 냉이를 보여줬다.

"한 번 만져볼래? 냄새 맡아 봐. 나은이 눈에는 풀도 꽃처럼 보이는구나!"

가만히 나의 말을 듣는 아이의 새까만 머리 위로 시장의 오색 파라솔 빛이 떨어졌다.

'엄마, 드디어 나은이가 걸어요.'

교복 치마를 허리춤 안으로 둘둘 접어 입기 시작한 건 고등학교 때부터였다. 치마를 말아 입으면 주름 없는 교복치마 위로 물결이 파도쳤다. 잘 보이고 싶은 누군가가 있어서라기보다 남녀공학을 다니는 사춘기 소녀가 자신감을 갖는 방식이었을 뿐이다.

엄마는 그런 나를 멀리서도 단박에 알아봤다. 집과 학교 사이에는 시장이 있었고, 엄마는 꼭 하교 시간에 맞춰 어린 동생의 손을 잡고 나와 장을 보고 계셨다.

"멸치 같은 다리를 드러내고 어디를 신나게 가시나?"

엄마는 도망가는 나를 불러 세워 둘둘 말린 치마를 풀어 내리고서 검은 봉지들을 건넸다. 저녁 반찬거리였다. 시장은 작았지만 사람이 많았고 물건도 넘쳐났다. 저녁 찬거리를 사러 나온 엄마들과 하교하는 학생들이 썰물처럼 만나면 시장은 더 활기를 띠었다. 동생의 손에는 막 튀겨낸 어묵이 들려 있었고 나는 주로 호떡 아니면 핫도그를 먹으며 집으로 돌아갔다.

엄마는 엄했지만 나는 포기를 모르는 아이였다. 콩나물 봉지와 신발주머니를 들고도 은근슬쩍 다른 한 손으로는 풀어진 허리춤 치마를 말아 접으며 뒤뚱뒤뚱 걸어서 하교했다. 시장에서 집으로 향하는 길에는 키가 큰 플라타너스가 교목으로 심어진 낡은 초등학교가 있었다.

그 학교 담 옆을 걸으면 담 높이가 일정하지 않아서 운동장이 보였다 사라지고 또 보이기를 반복했다. 초등학교 3학년이었던 동생은 자기 교실을 보고 싶다며 떼를 썼지만 나는 웃으며 "보고 싶으면 너도 얼른 커!" 하며 놀리듯 말했다.

추록 읽어주는 엄마

집으로 돌아와 엄마는 열심히 저녁을 지었다. 먹성이 좋아 늘 사랑받는 동생과 함께 앉아 쌀이 익어가는 냄새와 도마 위에서 재료가 썰리는 정다운 소리를 들었다. 우리는 엄마가 만든 나물 반찬과 어묵볶음을 특히나 좋아했다. 엄마가 손바닥만 한 두툼한 어묵을 써는 동안 동생은 엄마 옆에서 제비새끼처럼 "아, 아" 입을 벌렸고, 제 것을 다 챙겨 먹고 나면 꼭 "언니는?" 하면서 내 몫까지 받아왔다. 동생은 그걸 꼭 한입 베어 문 뒤에 내게 절반을 내밀었다. 좁은 주방은 따뜻했고 엄마 밥은 늘 맛있었다.

내가 처음 하복을 입고 등교하던 날, 엄마는 큰 옷가방을 들고 나를 따라 나섰다. 아버지와 오래 다투었고 결국 마음을 풀지 못했던 것이다. 엄마는 시장 앞에서 택시를 타고 그 길로 외할머니 댁으로 갔다. 곧 돌아오겠다 말했지만 부모님은 얼마 지나지 않아 이혼을 결정했다.

아버지는 자식 욕심이 많았던 데다 우리를 희망으로 여겼다. 우리를 도맡아 키우다 보면 언젠가 엄마와 다시 화해할 수 있을 거라고 생각했던 것 같다. 나는 지적하는 사람이 없었어도 착실하게 학교에 다니며 먹성 좋은 어린 동생을 씩씩하게 돌봤다. 부모의 다툼이 선사하는 불안보다 시원한 이별을 응원했기 때문이었다. 그래서인지 어린 동생을 앉혀 놓고 같이 밥을 먹을 때면 이런 이야기를 했었다.

"괜찮아, 별 일 아니야. 이혼 가정도 다양한 가정의 형태 중 하나야." 동생은 고개를 끄덕였다.

엄마는 멀리 가지 못했다. 우리를 자주 보러 오려고 경주에 터를 잡았고 그곳에서 식당을 운영했다. 우리가 대학생이 되어 서울살이를 할 때에도, 시집을 가서 소꿉장난 같은 살림을 꾸려갈 때에도 성실히 반찬을 지어 보냈다. 더운 날에는 반찬 위에 얼음을 얹어 보내면서도 혹여 음식이 상할까 종일 휴대전화를 붙잡고 우리에게 전화를 넣었다.

열 달 내내 입덧으로 엄마 밥이든 뭐든 먹기만 하면 게워내던 시절에도 엄마는 늘 웃으며 밥상을 들고 안방으로 들어왔다. 나은이를 낳은 후 미역국을 여러 달 동안 계속 끓여 보내줬던 친정엄마. 우리는 엄마 밥을 오래 먹었고, 여전히 그 밥을 먹고 자란다. 그래서 엄마가 떠나고도 엄마의 빈자리는 티가 난 적이 없다.

다가올 봄을 앞두고 나은이와 함께 엄마가 계신 경주로 내려가 한 달을 지내다 왔다. 머리 까만 아기를 데리고 엄마와 함께 동네 시장에 간 날이었다.

"친정엄마가 시장에 와서 맨입으로 돌아가는 게 아니란다. 뭐라도 먹고 음식으로 입을 가셔야 딸이 잘 산대."

"에이 그런 말이 어디 있어, 누가 그래요?"

"네 외할머니가."

엄마는 평소에 잘 먹지도 않은 핫도그를 사기 위해 긴 줄 뒤에 섰다. 명태도 사고 미역줄기도 사고 나물거리도 샀다. 나은이 먹을 뻥튀기 과자까지 사서 돌아오던 길, 내 손에 들린 핫도그가 탐나는지 아이는 연신 손을 뻗었다.

"엄마 맘마, 맘마."

아이에게 빵의 보드라운 속 부분을 떼어 맛보기로 건넸다. 점점 살이 올라 무게가 느껴지는 아이, 가슴 앞에 달려 포기를 모르고 쉼 없이 핫도그를 달라는 아기를 안은 채 빨간 시장바구니를 끌고 앞서가는 엄마의 뒷모습을 본다. 부자연스러울 정도로 까맣고 군데군데가 휑한, 피마약 냄새가 퐁퐁 나는 엄마의 머리 위로 따뜻한 봄볕이 떨어진다.

09   추억을 선물하는 시간
바람아, 씻어줘서 고마워

짠 내음 섞인 바람을 마시며
밤바다를 걷다 보면 이내 졸음이 밀려왔다.

매일 아침, 아이와 세발자전거를 탄다. 세 발 달린 자전거는 두발자전거보다 무겁고 바퀴가 작아서 페달을 더 힘껏 밟아야 앞으로 나아간다. 오늘도 아침식사를 마치자마자 설거지도 미룬 채 동네를 달렸다. 자전거의 몸체가 꽤 낮은 편인데, 내 안장보다 더 낮은 유아 안장을 뒤에 설치해 27개월 된 나은이를 앉혀 함께 자전거 산책에 나선다.

엄마의 등짝에 가려진 작은 아이는 스쳐 지나가는 버스나 포크레인을 만날 때마다 몸을 좌우로 빼꼼 내밀어 반갑게 인사를 건넨다. 길가에 핀 들꽃을 만져보려고 손을 뻗기도, 여름날 아침 바람을 맞으며 콧노래를 부르기도 한다. 아이와 머리칼을 휘날리며 내리막길을 달릴 때, 이 행복한 순간을 나은이도 오랫동안 기억할 수 있었으면 좋겠다는 생각을 한다.

아이는 지난 4월 어린이집을 퇴소했다. 3월 중순부터 가까스로 적응을 마쳐 등원하게 된 어린이집은 아이들에게 건강한 먹거리를 제공하고 있었고, 친환경 놀이터 시설을 갖춘 우수한 보육 시설이었다. 안심하고 아이를 맡길 수 있는 기관을 만나는 건 부모에게 큰 행운이나 다름없다. 실제로 담임 선생님의 유쾌한 성격 덕분에 같은 반 아이들과 부모 모두 금방 적응을 마쳤다.

하지만 얼마 지나지 않아 깨달았다. 적응을 마친 것은 아이가 아닌 나였다는 사실을. 나은이는 등원을 기점으로 잦은 병치레에 시달리느라 계속 힘들어했다.

열성 경기 이력이 있는 나은이의 고열은 수차례 이어졌고, 등원한 날보다 하지 못한 날이 더 많았다. 몸을 회복해서 어린이집에 가도 며칠 내로 다시 새로운 바이러스에 노출되어 감기에 걸렸고 아이는 뜨끈하게 달아올라 결국 항생제를 처방받았다. 잦은 발열과 감기 합병증을 전문가들은 '단체생활증후군'이라 불렀다.

자신의 몸통만 한 빨간 가방에 얼굴보다 큰 식판을 담고 노란 버스를 타는 아이. 당장 아픈 아이를 강제로 등원시켜야만 하는 상황이 아니었기에 나는 어린이집을 퇴소하기로 마음먹었다.

"조금만 더 버텼으면 면역도 생기고 널 아프고 적응도 잘 마쳤을 텐데. 엄마도 봄날을 맞을 수 있었을 텐데. 4, 5세에 보내도 아픈 건 마찬가지야"라는 지인들의 조언도 넘치게 들었다. 그럼에도 불구하고 가정 보육으로 마음이 기운 것은 내 유년의 추억 때문이었다. 어릴 적 엄마 아빠와 보낸 긴긴 시간들이 내게는 여전히 뭉클하다.

혼목 읽어주는 엄마

이야기 둘

어릴 적 우리 가족이 오랜 시간 붙어 살았던 포항 해변가를 떠올렸다. 이른 여름 아침이면 붉게 떠오르는 아침 햇살이 바닷가를 환히 비춰주던 평화로운 동네. 엄마는 고사리 같은 내 손에 나무 작대기를 쥐어주며 부드러운 모래사장 위에 글을 따라 쓰게 했다. 모래 위에는 손바닥만 한 발자국과 삐뚤빼뚤한 아이의 글씨가 새겨졌다가 파도가 밀려올 때마다 흔적 없이 사라졌다.

검은 봉지를 손목에 끼운 채 얕은 바닷물 속 조개를 잡기 위해 해변에서 자주 트위스트를 추던 꼬마 소녀. 발가락 사이로 파고들던 보드라운 모래의 감촉이 아직까지도 생생하다. 조개를 많이 잡았다고 환하게 웃으며 나를 반겨주던 엄마의 표정마저 선명하게 떠오른다.

이른 저녁을 먹은 뒤 가족들과 함께 나선 여름밤 산책. 짠 내음 섞인 바람을 마시며 밤바다를 걷다 보면 이내 졸음이 밀려왔다. 나는 엄마나 아빠의 큰 등에 업힌 채 집으로 오는 날이 많았다. 사실은 깨어 있었지만 그 등이 너무 포근하고 따뜻해서 끝까지 눈을 꼭 감고 자는 척을 했다. 그 소녀가 벌써 이만큼 자라 누군가의 엄마가 되어 아이와 세 번째로 여름을 맞이했다.

"원장님, 조금만 더 아이에게 추억을 선물하고 싶어요."

아이의 이불과 짐을 찾기 위해 어린이집을 방문한 날, 아이와 나는 선생님께 직접 만든 종이 카네이션을 달아드리고 돌아왔다. 엄마의 신념을 지지하고 응원해준 선생님의 배웅을 뒤로한 채 우리는 씩씩하게 원을 나섰다. 사방이 산으로 둘러싸인 아름다운 강원도 화천에서 나는 조금만 더 아이와 놀기로 결심했다.

오늘은 아이의 키만큼 자란 벼를 보기 위해 논과 논 사이, 두렁길을 달린다. 논두렁에 코스모스를 닮은 노란 금계국이 끝없이 피어 있다. 맑은 바람이 불어 꽃도 함께 흔들린다. 등 뒤에 앉아 연둣빛 강아지풀을 흔들며 나은이가 외쳤다.

"엄마 바람 목욕 좋아요! 바람아, 씻어줘서 고마워!"

등 뒤에 앉은 작은 아이와 눈을 마주치며 나도, "바람아! 고마워. 나은아, 엄마도 고마워"라고 답했다.

이야기
셋

나쁜 날씨는 없다

이야기 셋

가평 국제문화학교

01 엄마표 계절 놀이

단 한 번도
같은 날씨가 아니라서

이야기 셋

이 시기에 반드시 하지 않으면 절대 안 된다는
식의 불안을 느끼고 싶지 않았다.

가정 보육을 하는 내게 동네 엄마들은 아이와 뭘 하며 하루를 보내는지 자주 묻는다. 하지만 아이를 위한 그럴싸한 계획이나 일과를 정해두고 있는 것이 아니라서 답하기가 쑥스러울 때도 있다.

사실 가정 보육에 대단히 신념이 있어서 아이를 품에 끼고 있는 것도 아니다. 그저 내가 당장 일을 하지 않아도 되는 상황이라서 감사할 따름이다(물론 워킹맘의 결실이 금전, 가정 경제의 부흥에만 있다고 생각하지는 않는다). 또 가끔 매거진에 실을 칼럼 원고를 쓰거나 브랜드 스토리텔링 작업에 참여하는 일은 시간을 많이 잡아먹지 않는 편이라서 다른 엄마들에 비해 아이에게 쏟을 물리적 여유가 더 주어졌을 뿐이다.

아마도 이런 여러 가지 상황들이 뒷받침되기 때문에 가정 보육을 이어갈 수 있는 것 같다. 어쩌면 내가 어릴 적 엄마 아빠와 그랬던 것처럼 나은이와 평범하고 소소한 일상을 보내고 싶었던 것도 같다.

다른 엄마들에게 질문을 받을 때면 그제야 나는 이런 생각을 하게 된다. '그러게. 다른 엄마들은 아이와 어떻게 시간을 보낼까?'

컴퓨터 혹은 스마트폰 화면에 몇 글자만 넣어 봐도 쉽게 다른 이의 일상을 들여다볼 수 있는 시대를 우리는 살고 있다. 그렇게 시작한 웹 서핑은 자연스럽게 타인의 육아와 나의 육아를 비교하는 단계로 흘러간다. 나도 한동안 '엄마표 놀이'에 꽂혀서 엄마와 다채롭게 놀이 활동을 하는 아이들의 모습을 인상 깊게 바라봤었다. 엄마표 미술, 엄마표 한글, 엄마표 영어… '엄마표'라는 단어가 유난히 자주 눈에 들어온 셈인데, 이 놀이의 주체가 정말 아이일지를 생각하면 한 편으로는 씁쓸한 마음도 들었다.

'놀이나 학습의 주체는 누구여야 할까?'가 한동안 나의 고민이었다. SNS 화면을 보고 있으면 엄마가 마련해준 틀을 기반으로 능숙하게 놀이를 하는 아이들이 많았다. 엄마표 놀이를 하고 있는 아이들은 대개 다 자란 청소년처럼 매우 깔끔하고 단정하게, 능숙하게 놀이를 이어갔다. 물론 아이의 기질에 따라서는 정말로 놀이에 대한 감각이 뛰어나거나 깔끔한 성격일 수도 있다. 어쨌든 놀아주는 엄마, 같이 노는 엄마의 차이에 대해 생각할 계기가 되었음은 분명했다.

매일 아이와 놀아주는 방법이 고민인 부모들에게 이런 다양한 놀이 노하우는 충분히 좋은 정보이다. 시작은 엄마의 주도였어도 아이들이 놀이를 자신만의 세계로 확장해가면 그만큼 좋은 예도 드물 것이다. 하지만 '내가 다른 엄마들처럼 아이와 놀아주지 못하고 있구나' 하는 죄책감에 누군가가 빠져 있을 거라 생각하면 내내 마음이 쓰였다.

내 아이만 심심할 것 같은 가여움, 저 장난감이나 교구가 없으면 발달이 더딜 것만 같은 불안함. 엄마인 내가 스스로에게 던진 질문도 이 부분이었다. '저 놀이 교구가 없으면 진짜로 내 아이가 뒤처지게 되는 건가?' 이 시기에 하지 않으면 절대 안 된다는 식의 불안을 나는 느끼고 싶지 않았다. 그런 조바심을 아이에게 심어주고 싶지도 않았다.

나는 아침에 아이와 같이 부스스 눈을 뜨고 해가 저물도록 평범한 일상을 오순도순 보내는 것을 놀이로 여기기로 했다. 아이가 부족한 잠을 보충하려 늦잠을 자면 나도 같이 이불 속에서 뒹굴었다. 느지막이 일어나면 함께 먹을 음식을 준비했고 아이는 수저 놓는 걸 도왔다.

가끔 아이가 원해서 설거지를 하는 것도, 마른 빨래를 개키는 것도 우리에겐 놀이 같은 시간이다. 필요한 식재료를 사러 밖에 나가야 할 때에는 자전거를 타고 같이 바람을 맞으며 달린다. 결국 아이와 놀이를 한다는 것은 아이가 부모를 돕고 따라하며 관계와 감정을 배우는 생활 그 자체가 아닐까 싶다.

이야기 꽃

무더운 시간이 빨리 찾아오는 여름 내내, 산책 시간이 앞당겨지다가 마침내 아침 9시에 집을 나선 날이 있다. 아이는 이제 계절에 맞는 복장을 스스로 골라 입고 뛰어나갈 준비를 하며 나를 기다린다. 집 밖을 나섰으니 자연스레 나뭇잎을 줍고 흙을 파고 돌을 줍고 소꿉놀이를 한다.

여름이면 더위를 마주하며 충분히 땀을 흘리고 겨울이면 적당히 추위를 느끼는 게 좋다. 그래야 봄의 따스함과 가을의 청량함에 고마움을 느끼게 된다. 나은이와 나는 봄에는 주로 올챙이를 찾아다녔고, 겨울잠에서 막 깨어난 개구리를 구경했다. 여름이면 잠자리채로 자주 매미를 잡았고, 하루가 멀다 하고 계곡에서 수영을 했다. 가을에는 매년 낙엽 왕관을 만들어 썼고, 폭신한 낙엽 카펫 위를 걸으며 낭만을 누렸다. 아이의 신발과 옷이 더러워져도 그저 두고봤다. 겨울이 되면 강원도의 눈으로 원 없이 눈사람을 만들었고, 아이가 만든 눈사람을 냉동실에 넣어두고 문을 열 때마다 "안녕, 안녕" 인사를 건넸다.

이 모든 과정이 우리에게는 반복되는 놀이이자 계절이 바뀔 때마다 진행되는 연례행사였다. 매번 비슷한 길로 다니는 산책이지만 지루하지는 않다. 고미숙 작가의 말처럼 지구는 탄생 이래 단 한 번도 같은 날씨를 반복한 적이 없기 때문에 나은이와 나는 계절 사이사이에 숨어 있는 의미를 알고 있다.

나은이는 하루에 한 번 낮잠을 자고 오후에는 온종일 나가 놀 때가 많다. 특별히 가르쳐주지 않아도 엄마가 즐기는 모습을 그대로 따라하며 더불어 논다. 이런 산책도 멋들어지게 말하자면 엄마표 놀이이다. 어쩌면 시시할 수도 있는 엄마의 놀이에 기꺼이 동참해준 나은이에게 나는 항상 고마움을 느낀다. 종일 놀고 체력을 소진하고 집으로 돌아온 아이는 장맛비를 바라보며 외쳤다.

"엄마! 나무들이 좋아하겠다."

"사실 장마는 엄마가 더 좋아해."

오늘도 날씨 체험과 엄마표 산책으로 아이의 야무진 말이 한 뼘 더 자랐다.

02 디지털 디톡스 육아

완벽한 심심함이 주는 지혜

잠자리에 휴대전화를 가져가지 않기,
아날로그시계를 보며 생활하기.

"광합성을 하는 사람의 얼굴에서는 광합성의 빛이, 전자파를 먹고 사는 사람에게는 전자파 빛이 드러나기 마련이니까."

- 『너의 여름은 어떠니』

김애란 작가의 소설 속 대사처럼 밤을 새 원고를 쓰고 난 다음 날, 내 얼굴에선 정말 전자파 빛이 났다. 꼭 원고를 쓰지 않아도 하루 종일 휴대전화를 살핀 날에는 비슷한 안색이 되었다. 작은 화면을 오래 바라보다 아이의 부름으로 자리에서 일어날 때면 어지럼증이 느껴져 하루 종일 멍했던 날도 있다. 하지만 엄마들에게 휴대전화는 통신 기능을 넘어서 편리한 마트이자 잠시나마 친구들과 수다를 떨 수 있는 사랑방, 육아 방식과 취미, 요리까지 배울 수 있는 학교이기도 하다. 그래서인지 내가 디지털 디톡스 이야기를 꺼내자 남편은 반대표를 내밀었다.

"이해할 수가 없어. 왜 애써 불편해지자는 거야?"

남편의 만류에도 나는 2만 원을 주고 3G 중고폰을 샀다. 어플리케이션도 깔리지 않는 고릿적 휴대폰이었다. 엄마랑 영상 통화를 하고 싶으면 시간을 정해서 컴퓨터를 켰고 업무 관련 연락은 아이가 잠든 후 확인하기로 했다.

"요즘 엄마들이 바쁘고 고단한 이유는 어쩌면 저 스마트폰 때문일지도 몰라."

친정엄마의 말에 크게 공감했다. 우리 삶을 스마트폰과 일체화한 게 그리 오래 된 일은 아닌데, 사람들은 너무도 빨리 이 편리에 익숙해졌다. 처음에는 반대했어도 남편은 역시 내 편이었다. 자신이 담양에서 사다준 바구니에 휴대전화를 넣어두고 당분간 전화 기능만 사용하기로 했다.

남편과 나는 기한을 보름으로 정하고 아이가 깨어 있는 시간, 함께 생활하는 공간에서는 휴대전화의 사용을 최대한 자제하기로 약속했다. 아이의 귀여운 행동과 예쁨은 오직 나의 두 눈과 가슴에 담았다. 가족 간에 대화가 늘고 아이의 말에 더 집중할 수 있었던 시간. 우리는 교감이 늘면서 안정감을 느꼈고 서로 촘촘히 엮이는 기분을 만끽했다.

그 뒤로도 한 달 걸러 한 번씩, 나는 디지털 디톡스를 이어가고 있다. 미리 한 경험을 바탕으로 현실적으로 실현 가능한 디톡스 수위와 대안을 찾아가고 있는데, 우선 잘 실행하지 않는 어플리케이션을 삭제했다. 그리고 휴대전화는

나는 온전한 나다

이야기 셋

주로 아이가 잠든 시간을 활용해 살폈다. 육아 롤 모델로 삼고 있는 언니는 아이들이 초등학교에 입학하면서부터 아이들 앞에서는 절대 휴대전화를 사용하지 않기로 다짐을 했다고 한다. 언니와 몰아주고 몰아받는 긴 대화는 언제나 손 편지를 주고받는 기분이 든다. 그래서 꺼두었던 휴대전화를 켜서 메시지를 읽는 시간은 책을 읽는 시간만큼 달콤하다.

잠자리에 휴대전화를 가져가지 않기, 아날로그시계를 보며 생활하기, 텔레비전이나 영상 매체 시청을 줄이기. 사실 나는 원래도 텔레비전을 잘 보지는 않는다. 하지만 라디오나 디지털 기기를 이용한 어떤 음악도 듣지 않는 것은 꽤 큰 결심이었다. 시간은 고요하게 흘렀다. 아이와 도서관에 다녔고 산책을 더 오래 했다. 만들기, 그리기, 요리하기 등 나름 창작 활동에 투자할 시간적 여유도 생겼다.

디지털 디톡스 기간에 벌어진 모든 시간은 만족스러웠다. 심심한 순간에 사람은 가장 지혜롭고 창의적인 활동을 시작한다는 말이 떠올랐다. 문제라고 의식하지 않았더라면 몰랐을, 디지털로부터의 완벽한 분리. 이 휴식이 주는 완벽한 심심함을 나는 조금 더 오랫동안 아이와 누려보려 한다.

03 반짝반짝 나은 말

아이는 부모의 마음을 읽는다

잔소리가 따라와야 할 상황에서
침묵을 지키면
아이 눈빛이 빛나며 부모의 마음을 읽는다.

아이들은 늘 반짝인다. 세상을 향한 호기심의 눈망울도, 폴짝폴짝 뛰어오르는 아이의 머리칼도 반짝인다. 아이들은 자신의 신체 능력을 확인하며 매일매일 자존감을 길러나간다. 아이의 작은 몸집이 얼마나 빨리 자라는지, 부모는 제때 알아채지 못한다. 항상 '우리 애는 언제 다 크나' 하고 입버릇처럼 말하는 이유도 아이들이 엄마 아빠가 눈치채지 못하는 사이에 조금씩 반짝반짝 자라기 때문이라고, 나는 생각한다. 한 아이의 성장은 초침이 없이 돌아가는 시계처럼 고요하고도 꾸준하다. 신체적인 성장도 그렇지만 말을 배우고 익히는 시기가 되면 그 놀라움은 경이롭기까지 하다.

저녁을 차릴 때 이제는 머리가 식탁 위로 쑥 올라올 정도로 자란 나은이가 짧은 팔로 제 우유 컵과 소꿉놀이 도구를 식탁 위에 늘어놓았다. 나는 장난감 그릇을 치우며 잔소리를 시작했다.

"나은아, 밥 먹어야지! 엄마가 장난감은 식탁 위에 올리지 말랬지? 저녁 다 먹고 나서 같이 놀자. 밥 안 먹으면 산타 할아버지가 선물 주실까 안 주실까?"

"흥! 엄마, 잔소리 그만하세요!"

28개월 나은이의 또박또박한 말대답에 할 말을 잃었다. 나도 나은이처럼 말이 빠른 아이였다. 말도 말이지만 그 말

을 또 엉뚱하게 이행하는 능력도 또래보다 한 발 앞서 있어서 세상을 둘러싼 많은 것들에 의문을 표했다.

'해가 질 때까지 계속 걸으면 이 땅 끝에 닿을 수 있을까?' '달걀을 내 품에 품으면 언젠가 부화되어 닭으로 자라날까?' '치마를 입고 저 담장을 뛰어넘을 수 있을까?' '종이나 머리카락도 내가 소화할 수 있을까?'

엉뚱한 호기심이 크고 작은 사고를 부르기도 했다. 나의 부모는 해가 저도 집에 돌아오지 않은 아이를 찾으러 자주 해변을 달려야 했다.

엄마가 손수 지어준 원피스는 입고 나간 첫날, 담을 넘다가 난간에 걸려 두 조각으로 찢어졌다. 아이돌 가수가 될 거라며 전화기에 대고 몇 날 며칠 노래만 불러대던 그 달에는 전화세 폭탄을 맞았다.

때마다 엄마는 긴 잔소리를 늘어놓았지만 떠올려보면 엄마를 그렇게 만든 장본인은 나였다. 이상한 일은, '오늘이야말로 호되게 혼나겠구나' 싶을 만큼 큰 사고를 친 날에는 오히려 말을 아끼셨다. 뜨뜻한 국에 밥을 한 사발 말아주면서 무사히 돌아왔으니 다 되었다고 했다.

따뜻함 김이 오르고 있는 국그릇 옆으로 아이가 손을 뻗으며 밥을 달라고 한다. 방금 전, 잔소리를 듣다 말고 장난감 텐트 안으로 쪼르르 도망을 간 나은이. 나는 미간에 들어갔던 힘을 풀고 아이에게 곱게 말을 건넨다.

"엄마가 잔소리해서 미안해. 속상했어? 나은이가 예쁘게 맘마 차려줘서 고마워."

그러자 아이가 내 눈을 빤히 쳐다보더니 "엄마 죄송해요, 사랑해요"라고 말했다. 시키지 않은 말, 아이 스스로 고민하다가 골라 뱉은 진심이었다. 언어를 구사하려고 머리를 굴릴 정도로 자란 아이가 신기하다가도 벌써 '죄송'을 알게 한 미안함 때문에 마음이 무거웠다.

일기를 펼쳐 아이가 내게 감동을 준 말들을 다시 꺼내 읽어봤다. 엄마, 힘내! 내가 아픈 사람을 문질문질 만져줄 거야. 엄마랑 여행하는 거 재밌어. 우리 아빠는 대한민국 사람이야. 나라를 지키는 군인이야. 엄마, 가슴이 두근두근해요… 이 말들은 어디로부터 왔는지 되짚어봤다.

세상의 모든 말을 처음으로 물이디준 이는 바로 엄마 아빠이다. 아이는 부모의 말을 소리 내어 따라 배우며 제 것으로 만든다.

  아이의 작은 입에서는 언제나 엉뚱한 말이 넘쳐흐른다. 가끔은 그 말들이 얄미워서 화가 날 때도 있다. 그때마다 의식적으로라도 입을 다물고 기다려줘야겠다는 다짐을 했다. 잔소리가 마땅히 따라와야 할 상황에서 침묵을 지키면 아이 눈빛이 다시 빛나며 부모의 마음을 읽는 듯하다.

04 흙, 바람, 나무를 만나러 가는 길
세발자전거와 수선화

이야기 셋

엄마, 나무가 바람으로 샤워해요!
내 꽃 다치면 안 되는데?

흙, 바람, 나무, 햇빛, 물 등 기본 물성을 배워야 하는 영아기를 산양리에서 충분히 보내고 읍내로 이사 온 지도 벌써 1년이 지났다. 나은이에게는 이번이 세 번째 봄이다. 사실 산양리를 떠났어도 이곳은 여전히 사방이 병풍처럼 산으로 둘러 있다. 기본적인 풍경은 그대로인데 바다처럼 넓은 강까지 흐르고 있어서 산책 시간은 오히려 풍요로워졌다.

새로 이사한 집 앞으로도 좁은 강줄기가 흐른다. 봄이 오자 얼었던 강이 녹으면서 다시 졸졸졸 물 흐르는 소리가 들린다. "다시 봄이야!" 우리는 되돌아온 봄에 감사하며 부지런을 떨었다. 하지만 나은이는 자란 키만큼 호기심도 많아져서 우리의 반복된 산책 코스를 조금씩 지겨워하기 시작했다. 아이가 지닌 에너지를 생각하면 돌아올 시간까지 계산해 움직여야 했는데, 그러면 늘 컴퍼스처럼 같은 장소만 찍고 돌아오기 일쑤라서 그 점이 아쉬웠던 모양이다. 뚜벅이 모녀는 더 멀리 나아가고 싶었다.

"아무래도 발이 좀 필요할 것 같아요."

남편과 나는 오래 고민한 끝에 자동차 대신 세발자전거를 구입하기로 했다. 아이를 태우고 달리면 아이가 얼마나 좋아할까, 기뻐할 아이의 얼굴을 떠올리며 열심히 자전거를 검색했다. 세발자전거 중에서도 뒷자리에 튼튼한 유아용

안장이 설치되어 있는 제품은 흔하지 않았다. 오랫동안 인터넷을 뒤진 끝에 해외 사이트에서 내가 원하는 조건의 자전거를 발견했다.

조립도 안 된 자전거가 커다란 박스 옷을 입고 문 앞에 도착했을 때, 막막하기만 했다. 마침 읍내를 오가며 자전거 집 몇 군데를 눈여겨 봐뒀기에 우리 집 세발자전거를 조립해줄 분을 찾아다녔다. 그중 금강자전거는 늘 사람들로 붐비는 가게였다. 도서관으로 가는 길목 어귀, 가게 문 앞까지 화분이 쭉 줄지어 있어서 은은한 향기를 내는 그곳이 가장 궁금했다.

주인 할머니는 건물 귀퉁이 자리에 앉아 오가는 사람들에게 인사를 건네고 계셨다. 어림잡아 여든은 훌쩍 넘어 보이는 할아버지가 금강자전거의 기술자였다.

"두고 가고 내일 찾으러 와."

박스 크기에도 놀란 기색 하나 없이 태연하게 툭 말씀을 던지던 할아버지. 다음 날 자전거를 찾으러 갔을 때 할아버지는 땀을 흘리며 마지막 숙제인 안장 위치를 찾고 있었다.

"설명서를 영 알아볼 수가 없어. 어제 요 자전거 하나에 종일 매달려 있었네. 허허."

괜히 어려운 부탁을 드렸나 싶어 쭈뼛거리고 있는데, "괜

나를 보여주는 거울

찮여~ 자주 와서 할아버지 좀 괴롭혀!"라고 할머니께서 거드셨다. 그 자리에서 나는 할아버지와 머리를 맞대고 중국어로 적힌 설명서를 살피며 남은 부품을 조립했다. 세발자전거 시운전까지 마무리한 뒤 할아버지께 합격을 받아 자전거를 가지고 돌아왔다. 죄송하고 감사한 마음에 원래 금액보다 조금 더 얹어서 사례를 했다.

나은이는 우리의 발이 되어준 그 세발자전거를 너무나 좋아해줬다. 자전거는 무거웠고 내가 조율하기에 어려운 점이 많았지만, 바퀴가 하나 더 있다는 사실만은 안심 요소였다. 자전거가 도착한 뒤로 우리는 집에 붙어 있는 시간이 퍽 줄었다. 읍내에 있는 모든 길을 달려볼 기세로 매일같이 자전거를 끌고 나갔고 가끔은 한 시간 넘게 달리는 날도 있었다. 집으로 돌아오다가 너무 고요해서 뒤를 돌아보면 아이는 안장에 앉은 채 꾸벅꾸벅 졸고 있었다.

따사로운 봄 햇살을 받으며 스쳐 지나는 꽃과 바람을 잡으려던 아이의 작은 손, 가끔 동네에서 친구들이라도 만나면 반갑게 "안녕" 하며 손을 흔들어주던 날들. 긴 시간 엄마

뒤에 앉아 있는 게 지겨울 법도 한데, 아이는 한 번도 자전거에서 내려달라고 떼를 쓰지 않았다.

"엄마, 우리 자전거의 이름은 마리예요."

"그렇구나. 마리야, 안녕."

자전거를 타고 오일장에 나가는 걸 아이는 무척 좋아했다. 어묵을 먹고도 배가 덜 차면 핫도그를 사 먹었다. 아이는 자신의 얼굴만 한 핫도그를 들고 작은 시골 장터를 누비다가도 마리를 세워둔 곳에 가서 한 번씩 살피곤 했다. 동네 장은 다 돌아보는 데 10분도 채 걸리지 않았지만, 우리는 들렀던 곳에 또 들르면서 하나라도 놓치지 않으려 했다.

"아가, 넌 너무 좋겠다. 네 자전거 너무 멋지다. 그 자전거 할머니 주라."

시장을 샅샅이 돌아보다 보니 장사하는 할머니, 아주머니들과 어느새 인사를 나누는 사이로 발전했다. 눈도장을 찍은 나은이에게 짓궂게 장난치는 어르신들을 보고 있으면 아무 연고도 없던 우리 사이에 덤으로 정이 쌓여가고 있다는 생각도 든다.

우리가 시장에서 가장 오래 머무는 공간은 꽃집이다. 화천에 장이 설 때마다 춘천에서 넘어오는 꽃집 사장님은 나은이를 볼 때마다 이렇게 말씀하시곤 했다.

"어쩜 찔러도 바늘 하나 안 들어가게 야무지게도 생겼네! 어서 와라 똑순이~!"

아이는 수줍게 인사를 한 뒤 바닥에 놓인 꽃들에게 손을 흔들기 바쁘다. 색색의 꽃들 중에서 오늘은 수선화를 가리켰다. "엄마, 나 저 꽃 키우고 싶어요." 자전거 바구니에 노란 수선화를 담아 다시 페달을 밟았다.

집으로 돌아오던 길, 기분 좋은 봄바람이 불었다. 바람에 나무가 흔들리는 모습을 보더니 나은이가 소리친다.

"엄마, 나무가 바람으로 샤워해요! 내 꽃 다치면 안 되는데? 엄마, 이 꽃 이름은 '동생'이에요."

조잘조잘 혼자서도 잘 떠드는 아이. 나는 나은이의 표현에 놀라고 감동하며 부지런히 페달을 밟는다. 그리고 아이가 내 말을 놓칠까 봐 부러 큰소리로 답한다.

"그러게~ 언젠가는 나은이에게도 수선화처럼 환한 동생이 찾아올 거래!"

05   나쁜 날씨는 없다
달 샤베트를 떠먹는 여름

이야기 셋

나는 조금이라도 에어컨을 덜 켜고
아이와의 여름 산책을
지킬 수 있는 방법을 고민했다.

올여름 무더위는 기록적이었다. 그만큼 어린이들에게는 외출 기회가 더없이 소중했다. 매일 세발자전거를 타고 하루 한 번씩 산책을 나서는 우리 모녀도 올여름의 무더위를 피해갈 수는 없었다. 산책 시간은 점점 앞당겨졌다. 오전 11시, 10시, 9시 그리고 나중에는 그보다 더 이른 출근 시간에 집을 나서게 되었다. 아침밥을 급하게 한술 뜨고 챙이 넓은 모자를 깊숙이 눌러쓴 채 비장하게 현관문을 나섰다.

이번 여름, 우리의 세발자전거는 산책길에 자주 고장이 났다. 다섯 번이나 체인이 끊어졌는데, 감사하게도 다 자전거가게 근처에서 문제가 생겨서 금방 고칠 수 있었다. 귀가 어두운 자전거집 할아버지는 "왜 또 왔어~ 돈 안 받아!"라고 입버릇처럼 말씀하시면서 자주 자전거를 수리해주셨다. 당신이 손봐준 자전거가 가게 앞을 멀쩡한 모습으로 지나갈 때 활짝 웃으며 손을 흔들어줬다.

산책길은 언제나처럼 평범했다. 동네 논두렁, 마을 골목길, 화천 읍내를 품은 넓은 강둑. 하지만 조금씩 코스를 달리하며 산책의 재미를 지키고자 했다. 노란색 어린이집 버스와 등교하는 학생들을 태운 스쿨버스, 직장으로 출근하는 승용차들 사이를 비집고 달리는 까만색 세발자전거는 여름 내내 그렇게 부지런을 떨었다. 나은이가 한 달쯤 다녔던 어린이집 버스를 산책길에 만나면 아이와 신나게 손을 흔들기도 했다. 깜빡깜빡 깜빡이로 답을 주거나 창문을 내려 환한 미소로 응원의 인사를 보내주시던 선생님.

"나은아, 안녕! 건강해 보여서 다행이에요. 언제 놀러오세요!"

여름날 아침이 1년 중 가장 바쁜 농부들, 민소매 차림으로 골목길 소파에 앉아 있는 할머니들, 보송보송한 새끼고양이들, 계단 위를 느리게 지나가는 달팽이, 가슴팍에 날아와 붙은 매미까지 우연한 만남이 있을 때마다 우리는 소소한 기쁨을 얻었다.

그런데 참 이상했다. 기쁨으로 상기되어 집에 돌아와도 모든 창문을 꼭꼭 닫은 채 시원한 에어컨 바람을 맞고 있으면 더위를 피했다는 안도감보다 죄책감이 몰려왔다.

'세상을 향해 무더운 바람 한줄기를 더 보태고 있구나. 우리가 여름을 더 덥게 만들고 있어.'

나는 조금이라도 에어컨을 덜 켜고 아이와의 여름 산책을 지킬 수 있는 방법을 고민했다. 나은이와 함께 읽은 그림

나팔꽃 우는 아이

책, 백희나 작가의 『달 샤베트』에서 약간의 해답을 얻었다. 어느 무더운 여름날 밤, 모두가 문을 꼭꼭 닫은 채 냉방기를 돌릴 때, 달이 녹아내렸다. 한 할머니는 대야를 가져가 달물을 받아 그대로 냉동실에 얼렸다. 정전이 된 아파트에서 할머니 집은 유일하게 빛을 내뿜었다. 그곳으로 몰려든 사람들에게 할머니는 달 샤베트를 나눠주고, 사람들은 그제야 시원한 여름밤을 맞는다. 그날 밤 집으로 돌아간 사람들은 모처럼만에 에어컨을 끈 채, 창문을 활짝 열고 잠이 든다는 내용이다.

자전거 산책을 마치고 집으로 돌아오면 우리는 에어컨을 켜는 대신 곧장 씻기로 했다. 나은이는 핑크색 욕조로 풍덩 들어가 몸을 담갔다. 휘적휘적 물놀이를 하면서 아이는 "아이 개운해, 아이 시원해!" 하며 노래를 했다. 이 방법이 우리에겐 달 샤베트인 셈이었다.

"엄마 저는요, 물놀이를 할 수 있는 여름이 제일 좋아요!"

그러면 나는 늘 그렇듯 동문서답을 한다.

"나은아, 알고 있니? 사실 가장 꽃이 많이 피는 계절은 봄이 아니고 여름이야."

06 낭만적이고 다정한

도깨비의 아버지들

이야기 셋

진짜 다행이야. 나은이에게도.
낭만적이고 다정한 아빠가 있어서.

계절이 바뀌는 때를 아이들은 너무도 잘 안다. 여린 몸이 새로운 계절을 받아들이는 수순, 일종의 가을맞이 신고식은 아이마다 크고 작은 몸살을 앓으면서 시작된다. 나은이도 마찬가지다. 여름을 건강히 잘 나고 나서, 하필 가장 다니기 좋은 가을날 식중독이라니. 아이는 배앓이를 시작하고 이틀 만에 1kg 가까이 체중이 줄었다. 고열과 설사를 반복하고서도 여전히 힘과 흥이 넘쳐서 유난히 안쓰럽다.

"애들은 쓰러지기 직전까지도 방방 뛰어 노는 도깨비다. 아기 잘 봐라. 너도 꼭 그랬어."

친정엄마 말처럼 나 역시 아파도 온 동네를 누비며 달리는 도깨비, 비쩍 마른 까만 아이였다. 유년 시절 입이 짧아서인지 잔병치레가 잦았던 나는, 어린 동생을 돌봐야 했던 엄마 대신 늘 아빠와 소아과에 다녔다. 아빠와 병원을 다녀온 늦여름 어느 날 밤, 아빠는 집 앞 해변 야시장에 나를 풀어놨다. 처음에는 남의 노래를 열창하는 트로트 가수의 공연을 바라봤다. 누군가 버리고 간 희미한 불빛의 야광봉을 주워 흔들기도 했다. 분위기가 막바지에 다다른 야시장은 쓸쓸했다. 포장마차 틈새로 새어나오는 눅눅한 안주 냄새를 맡으며 나는 아빠와 꽤 오래 해변을 걸었다.

그날 바닷바람이 내 앞머리를 가르며 뜨끈한 이마를 식

혀주던 기억이 제법 생생하다. 해변 중심가에서 멀어지면 고무타이어 울타리 너머로 범퍼카 경기장이 있었다. 작은 자동차 안쪽에 달린 동전구멍으로 동전 몇 개를 밀어 넣으면 요란한 모터 소리와 함께 차가 출발했고, 범퍼카가 멈출 때까지 가사 없는 동요 멜로디가 한동안 흘러나왔다. 아빠는 나를 보조석에 앉힌 후 그 어느 때보다 진지하게 운전대를 잡고 작은 전기 자동차를 조종했다. 그날의 나는 다섯 살, 아빠는 서른다섯이었다.

나은이의 컨디션만 믿고 있기에는 불안함이 커져서 대학병원 응급실에 가기로 했다. 일하다 말고 집으로 달려온 남편을 보자 아이는 더 신이 났다. 아빠는 아이에게 "나은아, 우리 병원으로 캠핑 갈까?" 하고 물었다. 아이는 앞장서서 병실로 들어섰고 응급실 침대에 누워 깔깔깔 웃기까지 했다. 하지만 혈액검사 결과, 염증 수치는 정상 수치의 34배 수준이었다. 입원하고도 아이는 밤새 고열에 시달렸다. 나은이 아빠는 군복을 입은 채 보호자용 침상에 앉았다 누웠다를 반복했다.

나의 국어를 찾아서

남편은 다음 날 아이 면회를 오면서 파란색 수국이 돋보이는 꽃다발을 사왔다. 그 꽃은 내가 아닌 30개월 나은이에게 주는 첫 꽃이라고 했다.

"엄마 아프니까 좋아요. 나은이가 좋아하는 파란색! 기분이 너무 좋아요!"

아이를 대하는 남편을 볼 때마다 나는 표현에 인색했던 나의 아버지를 떠올린다. 어느 날엔가 손녀딸이 보고 싶다고 집에 오셨다가 이런 말을 한 적이 있다. 내가 태어난 지 백일이 안 되었을 때, 가족을 부양하겠다고 알래스카행 배에 올랐다고 했다.

"아버지, 외국 나가신 적 있어요? 여권도 있으세요?"

"선원수첩이 있었지. 육지는 밟을 수 없었고 대신 바닷길은 누벼봤지. 그런데 배를 얼마 못 탔어."

동생과 나, 신랑은 선원수첩이란 단어가 너무 예스러워 소리 내 웃었다.

"그런데 배를 타고 가는 동안 마누라 얼굴은 안 보고 싶은데 네 얼굴이 보고 싶어 미칠 것 같더라. 딸이 너무 보고 싶어서 그냥 집으로 돌아왔지."

그 순간 우리는 그 짧은 고백이 간지럽고도 감동적이어서 괜히 나은이에게 노래를 시키며 분위기를 바꿨다. 아이가 나의 효도를 대신 전하는 순간이었다. 남편이 집으로 돌아가고 캄캄한 병실에 누워 아이를 재우다가 나는 잠시 멍해졌다. 생각에 잠긴 엄마를 바라보던 아이가 말했다.

"엄마, 아빠 보고 싶어요. 아빠는 또 언제 와요?"

내 아빠의 투박한 애정을 떠올리며 나는 파란 수국을 바라봤다. 낮에 꽃을 받아들고 함박 미소를 짓던 아이의 얼굴 위로 범퍼카를 타며 환히 웃던 나의 도깨비 시절이 겹쳐졌다. 나는 마음속으로 나은이에게 대답했다.

'그래, 엄마도 아빠가 보고 싶어. 나은이에게도 낭만적이고 다정한 아빠가 있어서 다행이야.'

07 아이와 단둘이 제주살이
일상의 일부를 떼어내다

일상의 일부를 떼어내
'여행'이라 이름 붙이면 평소보다 더 자주
아이의 눈빛에 반응할 수 있다.

나은이의 세 돌을 앞두고 아이와 단둘이 제주살이를 떠나기로 했다. 우리의 세발자전거, 마리도 데려가기로 했다. 화천에서 출발한 자전거는 먼저 평대리 작은 집 마당에 당도해 우리를 기다리고 있었다.

우리 모녀에게 이번 여행은 세 돌을 무사히 맞이하고 영아기를 마무리하는 일종의 '졸업' 같은 시간이었다. 휴대전화를 내려놓고 아이의 눈을 오래 바라보며 아이가 원하는 대로 원 없이 놀고 싶었다.

아이가 좋아하는 바다와 모래가 가까이에 있는 곳, 엄마의 관심을 빼앗아 갈 요소가 아무것도 없는 곳. 텔레비전도 인터넷도 연결되지 않는, 대신 재래시장이 가까운 곳을 원했다. 그런 조건에 맞는 좋은 공간이 딱 한 군데 있었다. '공간이 사람을 바꾼다' 일명 '공사바'라는 게스트하우스였다.

그곳은 남편과 신혼 때 머물렀던 곳이기도 하다. 그때의 인연으로 주인댁과 종종 안부를 물어오며 지냈는데, 마침 숙소가 수리 중이라 한동안 손님을 받지 않을 거라고 했다. 공사바의 안주인은 수리를 마치자마자 새로 단장한 집의 첫 손님으로 우리 모녀를 초대했다.

"나은아, 보름 동안 여기가 우리 집이야."

나정 국시든 받다

평대리에 도착하고 가장 먼저 공사바 마당에서 우리를 기다리고 있던 자전거를 타고 밖으로 나갔다. 아이는 자전거도 비행기를 타고 온 거냐며 신기해했다. 마리는 강원도 화천에서 제주까지 옮겨지는 동안 여러 사람의 손을 거쳤고 다양한 교통수단을 이용했다. 마지막에는 배를 타고 이 섬에 도착했다.

어쩌면 우리보다 고생이 많았을 자전거, 그 흔적으로 페달 한쪽이 약간 찌그러졌다. 이전과 달리 페달을 밟을 때마다 철커덕거리는 소리가 났다. 그 덕에 페달과 바퀴가 맞물려 돌아갈 때마다 우리의 존재감이 돋보였다. 동네의 조용한 골목, 푸른 바닷길의 정적을 깨우는 느낌마저 들었다.

집 앞 자전거 도로의 이름은 '환상자전거 길'이었다. 해변과 가장 가까운 안쪽 길을 자전거 전용 도로로 조성해뒀는데, 길 폭이 차도만큼 넓어서 세발자전거가 달리기에도 안정적이었다. 제주도에 도착한 첫날부터 볕도 바람도 조화로워서 바닷바람을 마시며 달리는 기분이 말 그대로 환상이었다.

바다 풍경을 감상하며 달리는 동안 이따금 동네 할머님들께 시장 위치를 물었다. 한동안 먹을 식재료를 골라 자전거 바구니에 가득 싣고 달렸던 거리만큼 되돌아왔다. 그다

지 크지 않은 소형 냉장고를 채우고 나니 진정한 제주살이가 시작된 기분이 들었다.

며칠 뒤 옆 동네 한동리에 사는 '두근공방' 작가님이 우리를 집으로 초대했다. 사람들의 이야기를 자수와 그림, 모빌로 표현하는 작업을 해온 그녀는 나은이보다 한 살 많은 딸 산호를 키우고 있다. 지난해 친정아버지를 모시고 작가님의 작업실을 방문한 이후로 두 번째 만남이었다.

공사바에서 그녀의 공방까지는 자전거로 15분 거리였다. 강풍을 가르고 유채꽃밭을 지나 한동리 입구에 도착했다. 공방으로 가는 길은 가파른 언덕이었다. 나는 온힘 다해 아이를 태운 세발자전거를 끌었다. 힘들어 보이는 엄마를 보며 아이가 외쳤다.

"엄마, 힘내라! 엄마, 힘내라!"

언덕 위로 겨우 올라서자 저 멀리, 마중을 나온 산호와 작가님이 보였다. 세찬 바람에 날개를 굴리는 바람개비처럼 산호와 나은이는 서로 보자마자 손을 잡고 언덕 위를 달리기 시작했다. 그 덕에 나는 작가님과 긴 이야기를 나눴다.

이야기 셋

나를 달래는 바람

"저도 아이와 단둘이서 여행을 떠나고 싶어요."

"산호와 꼭 한번 화천에 놀러오세요. 나은이는 우리나라 가장 북쪽에서 살고 산호는 가장 남쪽에 살고 있네요. 엄청 귀한 만남이에요."

집으로 돌아가야 할 시간, 산호와 작가님이 이번에도 우리를 배웅해줬다. 언덕길 초입에는 힘겹게 오르느라 보지 못한 커다란 벚나무가 있었다. 세월 묵은 그 나무 아래에서 우리는 진하게 포옹을 했다.

"잘 있어! 또 만나자!"

이번에는 코트 자락을 휘날리며 신나게 언덕을 내려갔다. 산호는 자전거 엉덩이를 향해 하트를 그리며 외쳤다. "사랑해! 잘 가, 나은아!" 그날 밤 문자가 한 통 도착했다. 산호가 그린 나은이와 산호의 모습이었다.

공방에 다녀온 이후, 평대리에 머무는 날들 동안 우리는 특별한 약속이 없으면 동네를 벗어나지 않았다. 대신 마을의 골목골목을 살피며 시간을 보냈다. 어느 골목이든 그 끝은 바다로 이어졌다. 긴 시간 자전거를 타고 달리면 근육이 떨리고 추위와 허기가 동시에 느껴졌지만, 보이는 원단으로 아이를 최대한 꽁꽁 씨며 포근하게 해줬다.

바닷바람이 매섭게 불어 파도가 높이 치던 날, 갈매기마

저 지붕 아래로 모두 숨어들어 황량한 느낌이 드는 날에도 아이는 눈만 내놓고 안장에 앉아 자전거에 실려 다녔다. 그런 날은 바람이 우리 목소리마저 삼켰다.

"나은아, 뭐라고?"

"엄마, 안 들려요. 뭐라고요?"

이런 상황이 약간은 청승맞고 다소 우스웠지만 달리 보면 또 행복해서 웃음이 나왔다. 환상자전거 길을 달리다가 앉아 있기 좋은 해변이 보이면 그대로 자전거를 세우고 바다 코앞까지 달렸다. 물이 차가워서 속에 들어갈 수는 없었지만 우리는 모래놀이를 하고 미역을 주우며 장난을 쳤다. 그러다 배가 고파지면 다시 자전거를 타고 집으로 돌아와 따끈한 밥을 지어 먹었다. 전기밥솥이 없는 숙소라 끼니때마다 거의 냄비 밥을 짓고 간단한 찬을 준비했다. 덕분에 갓 지은 고슬고슬한 냄비 밥의 매력에 눈을 떴다.

여행을 준비할 때 '단둘이 잘할 수 있을까?' 하는 불안이 없었던 것은 아니다. 하지만 평대리에서 평범한 일상을 보내면서 그 불안이 점점 호기심에서 자신감으로 바뀌었고, 그건 나은이도 마찬가지였다. 배고픔 때문인지 새로운 환경 탓인지 아이는 집에서보다 음식을 잘 받아먹었다. 매일 아침 우리는 막 끓여서 온기가 느껴지는 보리차를 잔 두 개에 따라 "건배" 하고 외치며 마셨다. 물건이 없으면 없는 대로 있으면 있는 대로 만족하며 지내다 보니 어느 순간, 제주 게스트하우스가 집처럼 편안해졌다.

"엄마, 나무가 바람이랑 달리기해요!"

내가 아침밥을 준비하는 동안 나은이가 창문 밖을 내다보며 춤을 추다가 한 말이다. 나는 음식을 만들다 말고 물기가 마르지 않은 손으로 아이를 꼭 안아줬다. 일상의 일부를 떼어내 '여행'이라 이름을 붙이면 평소보다 더 자주 아이의 목소리와 눈빛에 반응할 수 있다.

며칠 뒤 이른 봄에 피어나는 꽃을 샘내는 찬바람을 열심히 마신 우리 모녀는 코를 훌쩍였다. 결국 공사바 안주인의 추천으로 옆 동네 세화리에 위치한 고려의원으로 향했다. 의사 선생님은 듣던 대로 젊고 친절했다. 그는 대뜸 자기 자리 모니터 화면에 직접 찍은 겹벚꽃 사진을 몇 장 띄웠다.

"이제 일주일 내로 이 벚꽃들이 활짝 필 겁니다. 아주 좋은 때에 오셨어요. 제가 이 사진을 보여드리는 의미를 아시겠죠?"

낭만적인 진료였다. 사이좋게 마스크를 나눠 끼고 동녘도서관에 늘러 동화책을 보고 돌아오는 길, 나은이는 유모차 위에서 곤히 잠들었다. 덕분에 집으로 돌아가는 동안 오랜만에 천천히 걸었다. 검은 밭담마다 노란 유채꽃밭이 펼쳐져 있었다. 한산한 그 길은 아득하면서도 광활해서 혼자 보기 아까울 정도였다. 함께하는 여행이지만 내 기억에만 남을 그 순간, 나는 깨달았다. 이 여행은 나은이가 아닌 나를 위한 시간이었음을.

"나은아, 엄마랑 동행해줘서 고마워!"

집으로 돌아가기 위해 짐을 꾸리던 날 밤, '사람 구경도 좋지만, 사람이 사람 배경으로 사는 것도 재밌지만, 봄이 오면 나무 밑에 서 있겠다'던 어느 시인의 말을 떠올렸다. 아이와 단둘이 한 계절을 온전히 누리고 싶어서 온 제주, 그래서 조금 늦은 시간, 아주 이른 시간, 모두가 자리를 비운 시간만 골라 원 없이 걸었던 우리의 여행이 이렇게 끝나간다.

08   나은나무, 은행나무
1년 동안 수고했습니다

이야기 셋

**나는 이 나무가 우리 세 가족이
사랑했던 시간을 기억해줄 것만 같다.**

지구의 날 아침에 나은이와 동네를 산책했다. 사과밭을 지나고 다리를 건너 대파와 부추가 올라온 밭을 구경했다. 둘만이 조용히 교감하는 시간이 지나고 집으로 돌아오는 길, 아이는 유모차 안에서 잠들었고 나는 그제야 몸을 풀듯이 기지개를 켰다.

요즘 나은이는 격변기를 지나고 있다. 세 살이란 그런 나이인가 보다. 아이의 새살이 단단해지면서 역변에 가까운 반항이 일기도 하는 때. 달리다가 갑자기 길바닥에 철퍼덕 앉아 은행잎 사이에서 헤엄을 치는 아이를 보며, 지나가던 아저씨는 "아따, 참말로 멋쟁이다!" 하며 웃었다. 길 건너 정자에 앉아 있던 할머니들은 "아예 주저앉았구먼. 참말로 경관이다"라고 했다. 아이는 보란 듯이 낙엽을 온몸으로 모아 휘저었다. 할머니들이 데리고 온 강아지들까지 공중에 낙엽을 날리는 나은이를 구경했다.

엄청난 규모의 낙엽이불을 만드는 이 웅장한 은행나무들은 읍내에 위치한 성당 안에서 살고 있다. 가끔은 나도 이 커다란 나무들에 발이 달린 것도 아닌데, 어디서부터 이만큼 자라 우리 앞에 서 있는지 신기할 때가 있다. 이 성당은 나은이가 걷지 못할 때, 아기 띠에 아이를 담아 읍내를 오가던 내가 한여름 더위를 피해 우연히 들어선 곳이다. 녹아내릴 것 같은 여름날, 우리는 은행나무가 만들어준 큰 그늘 안에 들어와 오랫동안 앉았다가 갔다.

그때부터 나은이는 이 공간을 친숙하게 여기는 듯했다. 때로는 나무 앞에서, 또 어떨 때는 성스러운 성모마리아상 앞에서 재롱을 부렸다. 언젠가는 신부님과 축구를 했고, 퀵보드를 탄 채로 성당 안을 휘휘 구경한 날도 있었다. 성당이 사람들에게 그런 존재인 것인지 아니면 커다란 은행나무 때문인지 알 수 없지만, 나 역시 이 성당에 들어서면 왠지 모를 편안함을 느꼈다. 우리가 어디에서 왔는지 무얼 하는 사람들인지 도통 묻는 법이 없었고, 언제 오고 또 돌아갈 것인지조차 묻지 않았는데, 나는 그 점이 특히 마음에 들었다.

은행나무는 예로부터 '신목(神木)'이라고 불렸다. 아픈 사람, 자식을 기다리는 사람들이 은행나무 앞에서 기도를 올린 것도 나무에 신성이 깃들어 있다고 믿었기 때문이다. 나는 이 나무를 볼 때마다 우리 가족의 증인 같다는 생각을 한다. 시간이 많이 흘러 우리 세 가족이 모두 세상에 남아 있지 않을 순간에도 우리가 사랑했던 시간을 기억해줄 것만 같다. 나은이가 은행나무를 꼭 끌어안았다.

"올해도 수고했어, 은행나무야!"

나도 나무를 쓰다듬으며 속삭였다.

"나도 고마워. 다가올 사계절도 잘 부탁해!"

나무가 1년 동안 부지런히 뻗어나가고, 열매를 맺은 뒤 또 떨구는 과정을 지켜보며 나는 왜 이토록 아름다운 '키우기'의 과정을 지금껏 등한시해왔을까 스스로를 책망했다. 뱃속에 태아가 자리한 기분을 알지 못했을 때, 나는 공공장소에서 떼를 쓰거나 과한 행동을 하는 아이, 그리고 그 부모를 바라보며 인상을 썼었다. 하지만 이제는 나 역시 손발을 싹싹 빌며 아이를 어르고 달래면서 대부분의 시간을 보낸다. 먼저 걸어간 사람 뒤로 나도 걸어간다.

그해 가을 끝자락, 성당에 다니는 나은이 친구 기윤이에게서 연락이 왔다. 태어날 때부터 한 곳에 오래 있지 않았던 우리 모녀는 아빠가 없이도 자주 열차 여행을 떠난다. 그날도 우리는 여행 중이었다. 기윤이는 여행을 떠난 나은이를 위해 은행나무의 안부를 사진으로 전해줬다. 나무는 나흘 만에 입고 있던 노란 옷을 몽땅 벗고 가지만 남았다.

"우와, 저렇게 멋진 새처럼 나도 날개가 있으면 좋겠다!"

은행나무 위로 날아가는 새를 바라보며 나은이가 또 예

쁜 말을 쏟아낸다. 스스로의 예쁨을 알지 못하는 이들은 한없이 아름답다. 우리는 그저 계절이 하는 일을 지켜볼 뿐인데, 내 열매가 무럭무럭 자라나 이렇게 말까지 하다니. 아이의 말이 문장이 되어가는 것을 지켜보며 마음속으로 말했다.

"나은아, 1년 동안 수고했어! 엄마는 항상 네가 기특해."

이야기
넷

토끼랑
지구 여행

이야기 넷

토끼랑 지구 여행

01   내 마음을 위한 처방전
"비어 있다는 건 슬픈 건가요?"

이야기 넷

엄마로 살아 보니 어떤 기분이 드나요?
때론 쓸쓸하지 않나요?

"엄마, 오늘은 어디 가요?"

아이는 산책을 가기 전에 꼭 오늘의 행선지를 묻는다. 작은 시골 읍내에서 걷거나 자전거로 닿을 수 있는 곳은 사실 뻔하다. 읍내 테두리를 훑을 수 있는 자전거길, 논두렁, 장이 서는 읍내와 도서관이 전부인데도 아이는 그 뻔한 장소를 매일같이 기대하며 묻고 또 묻는다. 같은 행선지가 지겹지 않은 이유는 계절마다 텅 빈 산이 빵처럼 부풀어 올랐다 푹 꺼지기를 반복하고, 피고 지는 꽃의 종류도 달라지기 때문인지도 모르겠다.

"오늘은 이팝나무가 가득 핀 자전거 길을 달릴 거야. 그리고 산책 후에는 시원한 빙수를 먹으려고. 우리, 빙수 먼저 먹을까? 아니면 어린이 도서관에 먼저 갈까?"

아이는 주저하지 않고 "도서관!" 하고 외쳤다. 산책의 마지막 코스는 대부분 어린이 도서관이다. 빙수도 뒤로 하고 찾아간 도서관은 주말인데도 고요했다. 마치 우리 둘이서 도서관 전체를 빌린 것 같았다.

아이가 걸음도 떼지 못할 때 드나들었던 곳이 이 도서관이다. 나은이가 도서관 이쪽저쪽으로 기면서 고사리 같은 손으로 책을 집어 오면 그 책을 함께 읽곤 했었다. 그때부터였을 것이다. 조금은 지겹고 단조롭게 느껴지던 시골 육아

이야기 및

에 숨통이 트이기 시작한 것이. 요즘에도 도서관에 가면 주로 나은이가 골라 온 그림책을 함께 읽는다. 그렇다고 아이가 고른 책이 현재 나은이 수준에 꼭 맞는 것은 아니다. 그래도 내가 그 책들을 거절하지 않는 이유는 책에 적힌 문장 한 줄이 오히려 내게 던지는 질문 같을 때가 있기 때문이다. 나는 이 순간을 은근히 고대하며 즐기고 있다.

오늘은 아이가 이보나 흐미엘레프스카Iwona Chmielewska 작가의 『비움』이란 책을 골라 왔다. 나는 그녀의 『눈』이란 작품도 좋아한다. 폴란드 출신 작가는 네 아이의 엄마이기도 하다. 작가는 자기의 아이들에게 읽어줄 책을 직접 만들면서 그림책 창작을 시작했다고 한다. 그녀의 이야기는 대체로 아이들의 상상력을 자극하고 어른들에게는 철학적인 메시지를 던진다.

첫 장을 펼치자 나무의 결이 그대로 드러난 책상 하나가 보였다. "텅 빈 책상, 어떤 기분이 드나요? 텅 비었다는 말, 어떤 기분이 드나요? 비어 있다는 건 슬픈 건가요? 쓸쓸하거나 외로운 걸까요?"라는 문장이 적혀 있었다. 그 질문은 내게 "엄마로 살아 보니 어떤 기분이 드나요? 때론 쓸쓸하지 않나요? 항상 괜찮은가요?"라고 묻는 것처럼 들렸다.

육아를 시작한 엄마라면 누구나 필연적인 변화를 겪는다. 육아의 시기마다 이름을 붙인다면 신생아부터 만 5세까지는 몰입기라 부르고 싶다. 아이가 스스로 의지를 표현하고 위험을 피할 수 있는 정도로 자라는 시기인데, 이 기간을 지나야 엄마는 숨을 돌릴 수 있는 것 같다. 그때까지 신체적으로도 정신적으로도 힘든 육아 기간을 거치는데, 아이러니하게도 나는 아이 때문이라기보다 주변 관계가 변하면서 더 힘이 들었다.

 관계의 변화라기보다 잠깐의 정지라는 표현이 맞을 것 같다. 사회생활, 자아 찾기를 항상 함께해 온 동료와 친구들과의 관계가 잠시 멈칫해지면서 나는 그 시절 내가 읽던 책과 걸쳤던 옷들, 심지어 갖고 싶었던 물건의 목록까지도 깡그리 잊어버렸다.

 아니, 그것들을 다시 떠올릴 여유가 없었다. 특정 사회관계 속에 나를 끼워 넣을 수 없다는 사실을 자각할수록 나의 외로움과 쓸쓸함도 커져갔다. '다시 온전한 나로 살아갈 수 있을까?' 하는 불안이 한동안 계속 되었다. 하지만 엄마를 차지한 아이의 존재는 또 얼마나 크던지. 나는 내 고민을 접어

두고 아이에게 집중하려 애썼다. 아마 주변에 중심을 잃지 않으면서 아이도 훌륭히 돌보는 엄마들이 있다면, 그들은 매일 치열하게 울고 고민하며 일상을 보내고 있을 것이다.

그림책 속 문장을 다시 한 번 읽어봤다. "텅 비었다는 말, 어떤 기분이 드나요? 비어 있다는 건 슬픈 건가요?" 나는 계속해서 책을 읽어 나갔다. 나무 책상과 결에 따라 다양한 그림이 그려졌다. "사람들은 비어 있으면 이것저것 채우려고 합니다. 끝이 없는 욕심, 어디까지 갈까요? 그릇이 비어 있기에 맛있는 음식을 담을 수 있고 (중략) 마음이 비어 있어야 좋아하는 사람이 들어올 수 있고 비어 있어야 다른 사람의 마음도 담을 수 있어요."

지난 4년 동안 엄마로 살면서 내가 힘들었던 이유는 비우지 못한 내 마음 때문이 아니었을까 하는 생각이 스쳤다. 이 '비움'이 꼭 엄마 이전의 삶을 싹 지우라는 의미는 아닐 것이다. 늘 그 자리에 있는 텅 빈 나무 책상을 보면서도 어제와 다른 무늬를 새롭게 발견할 수 있는 상태. 그 정도의 여유가 내게는 필요한 것 같았다. 엄마 이전의 나도, 지금의 나도 그저 흘러가는 과정으로 받아들이는 것, 인정하는 마음 상태가 곧 '비움'이다.

아이를 키우는 일은 때때로 살면서 겪어보지 못한 노동

처럼 느껴지기도 하지만, 어쩌면 지금이 내 생애 가장 평범한 '확실한 행복'의 순간이 아닐까 싶다. 그림책을 다 읽고도 여운이 쉽게 가시지 않았다. 아이가 다른 동화책을 고르러 간 사이, 나는 이 문장들을 잊지 않으려고 곱씹었다.

"하지만 엄마, 나는 텅 빈 느낌은 싫어요."

"왜? 나은이에게 비어 있다는 건 뭔데?"

"음… 장난감도, 책도 아무 것도 없다는 뜻이야. 그래서 슬퍼."

나는 웃으며 나은이 말이 맞다며 맞장구를 쳤다. 아이에게 닿지 않을 정도로 혼잣말도 했다.

"나은아, 비움의 기쁨을 누리려면 너도 이야기가 많은 어른으로 자라야 해. 나은이 이야기가 너무 넘치면 그때는 엄마가 조용히 들어줄게!"

빈 창가에 앉은 우리 모녀의 얼굴을 나뭇가지 그림자가 쓰다듬는 조용한 도서관, 그렇게 또 평범한 오후가 시작되었다.

02　　미숫가루 육아

결국에는
고소하고 든든해질 맛

삶이 한 편의 시라면 좋겠지만,
나의 육아는 온탕과 냉탕을 오가는
막장 드라마인 것이다.

아이가 자랄수록 내 목소리는 점점 더 커지고 있다. 그래서 요즘 나은이는 내게 이 말을 가장 자주 한다.

"엄마, 화내면서 말하면 잔소리야."

아이의 말은 내 머릿속을 그대로 관통하는 명언 중에 명언이다. 이게 그 말로만 듣던 '아이를 말로 이기지 못하는 순간'인 건가? 나은이는 그 와중에 자신의 능력을 계속 실험한다. 도전하고 실패하고 또 도전하고 실패한다.

엄마로서 항상 지지와 응원을 보낼 수 있다면 좋겠지만, 유난히 육아가 벅찬 날에는 아이의 도전이 그저 고집과 저지레를 치는 것으로만 보인다. 타이르고 같은 말을 반복하며 여러 번 설명하고 때로는 단호하게 훈육도 해봤지만, 크게 변하는 것은 없다. 당연하다. 이게 아이의 일이자 성장과정일 테니 말이다.

육아를 잘하기 위해 노력하지 않는 엄마가 과연 있기는 할까? 비슷한 또래의 아이를 키우고 있는 여고 동창생 셋은 오늘도 스마트폰 대화창에 모여 신세한탄을 한다. 매일 서로의 육아를 응원하며 소식을 발 빠르게 전하는 우리 셋. 그중 딸 셋을 키우고 있는 친구는 최근 유명한 강사의 육아 강의를 듣고 왔다며 대화를 주도했다.

"강사 님이 그러더라. 엄마들이 강의 듣고 집에 돌아가면

아이와 낯

3일 동안만 친엄마라고!"

공감이 가는 말이다. 남편도 내가 육아 관련 책을 읽은 날 혹은 강의를 듣고 온 날에는 평소보다 너그럽다고 말했다. 언젠가 업무차 서울에 들를 일이 있었는데, 그날도 나는 평소 존경하던 육아 동지이자 웹툰작가, 아동심리 전문가인 정유진(블로그명 찹쌀떡가루) 선생님을 만나고 돌아왔다. 도대체 정답이 없는 나의 육아 현실을 검증받고 싶어서 잡은 약속이었다.

상담을 가기 전에는 나의 어린 시절과 가정환경, 어머니로부터 받은 크고 작은 상처들을 미리 고백했었다. 돌이켜 보면 내가 어릴 적, 다른 집도 거의 부모들이 엄했다. 가부장적인 남편, 대한민국을 강타한 IMF라는 경제 위기를 돌파하며 가정을 지켜온 엄마들은 어딘가 억척스러웠다.

부계 질서와 생활고로 오는 스트레스는 그네들의 여유를 빼앗았고, 엄마들은 아이를 타이르는 것보다 다그치는 방법을 택하곤 했다. 이제와 친구들에게 그랬던 날들이 남긴 상처를 고백하면 "너도?" "응, 나도" "진짜?" 하면서 공감을 이뤘다. 이 문제는 사회가 남긴 상처였다.

"감사한 건, 엄마는 제게 자주 용서를 구하세요. 제가 나은이를 낳은 후부터 제가 아이 돌보는 모습을 관심 있게 지켜보면서 저나 동생을 키우던 시절을 되돌아보시더라고요. 친정엄마는 어린 나이에 아버지를 여의고 집안의 첫째 딸로 자라면서 늘 남동생 셋에게 자신이 누릴 기회를 양보했어요. 고운 할머니가 혼자서 아이 넷을 길러야 했으니 외동딸인 엄마에게 의지도 많이 했을 테고, 그러면서 엄마는 일찍 어른이 되었대요. 항상 집을 떠나고 싶을 정도로 압박을 느꼈던가 봐요. 첫사랑인 아버지를 만나 덜컥 저를 갖게 되었지만, 아버지도 그때는 앳되고 가난한 청년이었으니 가정을 유지하는 과정이 쉽지는 않았을 거예요. 우리 가족은 필요 이상으로 서로에게 상처를 많이 준 것 같아요. 저도 아이에게 같은 상처를 주게 될까 봐 두려워요."

"우리는 엄마가 된 덕에 두 번째 기회를 얻어요. 바로 감정을 자각하고 다루면서 사고하는 수업을 받는 거예요. 어릴 땐 엄마 아빠를 통해서 배우고, 엄마가 되어서는 아이를 통해서 배워요. 나은이를 보니 엄마에게 이미 많은 것들을 배웠네요. 낯선 곳에서도 탐색할 줄 알고 엄마를 믿고 기다리면서 사람들에게 마음을 나눠줄 줄 알아요. 사랑스러운

아가씨네요. 지민 씨, 그러니까 미리 걱정하지 말고 두려워하지도 말아요. 지금도 아주 잘하고 있어요! 저는 처음엔 우울증 검사지를 준비할까 싶었는데, 이렇게 대면해보니 전혀 걱정이 안 되는 걸요? 글을 쓰는 사람은 글을 쓰면서 성찰이란 걸 하잖아요. 저는 이미 지민 씨가 답을 알고 있다고 생각해요! 우리 두 번째로 얻은 배움의 기회를 통해 잘 성장해봐요. 그리고 너무 다행스러운 게, 잘못을 인정하고 용서를 구하는 부모님은 흔하지 않아요. 정말 용기 있는 어머님이시네요."

아이랑 하루를 보내느라 유난히 파김치가 된 날, 나는 어린 내가 상처를 받았던 그날처럼 아이 마음에 생채기를 남기고 만다. 그러면 남편은 조용히 나를 불러 한 번 꼭 안아준다. 나를 책망하는 대신 쓰다듬어주고 나를 토닥인다. 그리고 어린 시절의 내게 무슨 일이 있었던 건지, 왜 상처받았는지를 묻고 끝까지 내 이야기를 들어준다.

"순간의 화풀이가 아이에겐 큰 상처가 될 거야. 참는 법을 아니까 우리가 어른이지. 자기가 아이에게 화를 내면 내가 꼭 잘못한 것 같아서 더 미안해."

남편의 이런 위로는 오래 전부터 마음에 응어리가 맺힌 채 내 안에 숨어 사는, 쓸쓸한 그 소녀를 달래주는 효과가 있다.

육아는 극적이다. 아침의 온화한 분위기가 종일 이어지기 힘들고 절정으로 치닫은 상황이 갑자기 사랑과 감동의 순간으로 마무리되기도 한다. 삶이 서정적인 한 편의 시라면 좋겠지만, 사실 나의 육아는 온탕과 냉탕을 오가는 막장 드라마인 것이다.

몸만 자란 나를 뼛속까지 성장하게 하러 온 나의 구원자, 나은. '육아'는 기를 육(育), 아이 아(兒) 한자를 사용한다. 하지만 시간이 흐를수록 기를 육(育), 나 아(我)로 적어야 맞는 게 아닌가 하는 생각을 하게 된다. 미처 다 자라지 못한 내 안의 나를 기르는 일이 결국에는 진짜 육아인 셈이다.

사진 속 우리는 늘 웃고 있지만 15㎏ 남짓의 나은이와 작은 유모차, 손가방까지 이고 지고 이동하는 일은 때론 수행과 같았다. 자꾸 벗겨지는 아이의 마스크와 모자를 수시로 고쳐 씌우며 다니다가 하나씩 손에 든 물건을 떨어뜨리거나 잃어버리면 내 자신에게 화가 나기도 했다.

엘리베이터도 없는 기차역에서 아이를 업고 유모차를 어깨에 메고, 가방까지 든 채로 꾸역꾸역 계단을 오르던 어느 날, 역사 안 거울에 비친 내 모습을 봤다. 누구에게나 예뻐 보이고 싶어서 하루에도 몇 번씩 립스틱을 고쳐 바르던 그 여자애는 어디 가고 사람들 시선에 아랑곳 않고 자유롭게 제 갈 길을 가는 사람이 거기 서 있었다.

오늘도 아이에게 화를 냈다. 삐죽 입을 내밀고 앉아 있는 엄마에게 아이는 다가와 잘못했다고 말한다. 사실은 알고 있다. 먼저 손 내밀어준 나은이에게 내가 오히려 고마워하고 미안해해야 한다는 것을.

"아가, 너는 나보다 더 나은 엄마가 되렴."

친정엄마가 내게 해준 말이다. 특별한 요령도 뭣도 없는, 몸에 좋다는 곡물가루를 다 섞어 놓은 미숫가루 같은 육아를 나는 하고 있는 것 같다. 그래도 매일 더 나은 엄마가 되고 싶다는 마음을 품는다. 아이와 함께한 시간을 이렇게 기록으로 남겨두는 이유를 딱히 설명할 길은 없다. 다만 내게 늘 배움의 시간을 선사하고 있는 이 아이에게 언젠가 내 진심을 전하고 싶다.

03 여물어간다는 건
물러지고 달달해지는 일

달이 차오르고 비워지는 것이
자연의 순리라면
아이가 단단히 여물어가는 과정은
우주의 신비.

보름달이 뜬 밤, 나는 활활 타오르는 달집 속으로 소원을 던져 넣으며 만삭의 배를 끌어안았다. 꽉 찬 달의 기운을 한껏 받아서인지 다음 날 아침, 제법 순조롭게 나은이가 태어났다. 그래서 둥근 보름달만 보면 벌거벗은 채 태어나 빽빽 울던 핏덩이의 모습이 아른거린다. 꽉 여문 달을 가만히 보고 있으면 다른 상상도 하게 된다. 우주 속에 떠 있는 작은 지구의 모습을 머릿속에 그리면서 내 몸도 함께 두둥실 떠오르는 기분을 느껴본다.

광활한 우주 속 자그마한 지구에서 땅딸막한 아이들이 자란다. 그 모습을 지켜보는 일은 어찌나 경이로운지. 해가 뜨고 지는 것, 달이 차오르고 비워지는 것이 자연의 순리라면 아이가 단단히 여물어가는 과정은 분명 우주의 신비일 것이다.

계절이 네 바퀴째 회전하고 다시 여름이 찾아왔다. 멀리 보이는 산언저리마다 칡꽃이 내려와 자유롭게 영역을 확장하고 있다. 자기가 뿌리내린 자리에서 뻗어 나와 가고자 하는 방향으로 번져가는 꽃의 삶이라니. 강렬한 보랏빛의 칡꽃은 의외로 향이 은은하다.

나은이에게 이번 여름이 네 번째라면 나에게는 도시를 떠나온 지 4년쯤 되는 순간이다. 이제는 나도 철마다 피고

지는 꽃의 이름을 기억하고 식물이 하는 일도 더 잘 알아본다. 능소화가 떨어질 때 살구도 함께 진다. 옥수수는 자라서 남편의 키를 넘어섰고 포도는 아직 열매가 땡땡하다.

오늘 아침 산책길에서는 길에 떨어졌지만 다행히 아직 아무도 밟지 않은 살구를 주워 아이와 나눠 먹으며 동시에 "와, 달다!" 하고 외쳤다. 우리는 오늘도 뜨거운 햇살을 피해 골목을 무사히 통과했다. 사과 꽃이 진 자리에는 사과 열매가 맺혔고 밤꽃이 떨어지자 초록빛 여름 밤도 고개를 내밀었다.

"엄마, 모든 꽃이 활짝 피었어요!"

여름의 골목은 유난히 아름답다. 그래서 우리는 읍내로 갈 때마다 매일 조금씩 다른 골목으로 들어선다. 집집마다 심어 놓은 장미꽃이 만개했다. 자전거를 타고 담벼락 앞을 지날 때마다 우리는 몇 번씩이나 멈췄다가 다시 출발했다. 꽃과 나무, 하늘을 눈에 담고 카메라로도 남긴다.

어느 주택의 높은 담 위로 불쑥 솟아오른 꽃나무도 있지만, 지나치기 쉬운 낮은 자리 구석에도 꽃은 항상 피어 있다. 키

가 작은 아이는 나보다 먼저 그 볼품없는 들꽃들을 발견해 몸을 숙인다. 아이는 꽃을 코에 가져가 킁킁 향기를 맡는다. 특별한 향이 없는 수수한 꽃인데도 "으음~ 향기 좋다~" 하며 예쁘다고 난리다. 나은이가 벌써 꽃을 관찰하러 허리를 숙일 정도의 숙녀로 자랐다니. 나는 또 그런 아이의 모습이 사랑스러워 사진을 찍는다.

나은이와 함께한 4년 시절을 되짚어보면 나는 항상 가슴 한구석이 아려온다. 시골에 사는 동안 엄마가 해줄 수 있는 일, 할 수 있는 일을 해야겠다는 다짐은 여전하지만 그렇다고 시골살이가 매일 낭만적인 것만은 아니다. 그래서 종이로 탑을 만들 듯 차곡차곡 쌓아 올린 그 시간들이 눈물이 날 정도로 행복하다가도 때로는 답답하고 따분하기만 하다.

만약 내가 살아온 수많은 나날 중에서 단 하루를 골라 또렷하게 다시 볼 수 있는 기회가 주어진다면 나는 주저 없이 이 무렵을 떠올릴 것이다. 두 발로 걷고 스스로 밥을 떠먹고, 혼자서 책을 펼치고… 나은이의 모든 처음이 이 기간 안에 있다.

아이가 자신의 최초 흔적을 찾을 때, 나는 이미 몇 주 전의 일조차 가물가물해서 긴 이야기를 들려주지 못할지도 모른다. 그럴 때 나는 충실히 남긴 이 기록들을 보여주고 싶다. 여물어간다는 건 물러지고 달달해지는 것이다. 이 뜨거운 여름, 우리는 제법 잘 익어가고 있다. 계절이 한자리에 오래 머물지 않는 것처럼 나는 오늘 또 아이와 이별을 한다.

04 아버지의 첫 비행

나무는 무엇을 위해
버티고 살았을까

나무는 탁구공보다 작은
열매 하나를 위해 살아온 거야.

부모가 조금이라도 약한 소리를 할 때, 자식은 금세 슬퍼진다. 금식으로 쪼그라든 배를 껴안고 입원실에 누워있을 아버지를 생각하는 일도 속이 상하기는 마찬가지였다. 이럴 때 나는 밥을 두 그릇씩 든든히 먹고 평소보다 더 큰 목소리로 안부 전화를 한다.

"아빠, 우리 밥 잘 먹고 잘 지내요. 그러니까 우리 걱정은 말아요."

지난해 겨울, 아버지는 만성 췌장염을 선고 받고 1차 입원 치료를 받은 뒤 퇴원했다. 건강이 상한 것도 문제였지만 업으로 삼고 있던 목수 일도 더는 할 수 없게 되었다. 체력적으로 부담을 주던 일을 정리하면서 아버지는 병원 경비실 자리를 소개받았다. 꽃과 감사패도 없는 담담한 은퇴였다.

몸을 쓰는 고된 일이었지만 한편으로는 우리 가족을 먹여 살린 고마운 일자리였다. 나와 동생은 상의 끝에 아버지와 함께 은퇴 여행을 떠나기로 했다. 동생과 아버지, 나와 나은이까지 넷이서. 우리의 목적지는 제주도였다.

"제주도 갈 때 여권도 필요하냐?"

난생 처음 비행기를 타본다는 아버지는 소년처럼 들떠 보였다. 아버지는 출발하는 날, 이른 아침부터 부지런을 떨어 서울역으로 올라오셨다. 역 앞에 서 있는 아빠 모습은 내 대학 졸업식에 참석하던 그날처럼 멀쑥하고 단정했다. 비행기에 탑승해 아버지께 창가 자리를 양보하자 아이처럼 좋아하셨다. 나은이는 할아버지 무릎 위에 앉은 채 창밖으로 열심히 손을 흔들었다. 대답이 없는 땅과 물은 서서히 멀어졌다.

아버지는 여행 내내 사진을 많이도 찍었다. 장소가 바뀔 때마다 진지하게 고민하다가 멋진 포즈를 취했다. 그 기록물은 나은이와 내가 할아버지에 관해 이야기할 때 아직까지도 자주 등장하곤 한다. 아빠는 이번 여행에서 그동안 자식들에게 못다 한 이야기, 나중으로 미루기만 했던 자신의 소망 같은 것들을 털어놓는 것 같았다.

"아빠, 우리 키우는 동안 여행 가본 적 없죠?"

"왜 없어. 너 낳고 네 살 때 신혼여행 갔었지. 그땐 경주 불국사로 가는 게 유행이었다. 갔는데 외국인들이 한복 입은 너희 엄마 예쁘다고 사진을 엄청 찍어 갔어."

그렇지, 나는 부모의 결혼식을 기억하고 있다. 하지만 할머니의 만류로 결혼식장에 따라가지는 못했다. 할머니는 자식이 부모 결혼식을 봐서 뭐 좋을 게 있냐고 하셨다. 그렇게라도 부모님의 체면을 지켜주고 싶었던 모양이다. 내가 서운해했는지 어땠는지는 가물가물하지만 잎사귀에 붙은

낮 이야기

물방울조차 가짜인 부케다발이 할머니 집 툇마루에서 비를 맞고 있던 오후의 날씨는 기억이 난다.

"나 할머니한테 맡기고 경주엘 간 거예요?"
"응. 너 두고 부산에서 버스 타고 경주로 갔지. 터미널에 내리면 택시가 쭉 줄지어 서 있었어. 신혼여행 가이드도 해주고 숙소도 추천해주더라."

그러고 보니 집에서 신혼여행 사진을 몇 장 본 것도 같았다. 커다란 종 앞에서 멋지게 포즈를 잡고 있던 아빠. 아버지는 늘 정면이 아니라 먼 산이나 옆을 보고 있었다. 노란 저고리에 빨간 치마를 입고 단정하게 머리를 올린 엄마 모습도 생각이 났다.

"엄마랑 연락하냐?"
"네?"
"연락하고 지내라. 그래도 엄만데."

어제 일처럼 옛 이야기를 하시는 아버지는 무덤덤한 표정을 짓다가 나은이를 보고는 금세 웃음을 되찾았다. 그러면서 내가 네 살 때의 기억이 어제처럼 선명하다고 했다.

아버지의 어제가 항상 서른인 것처럼, 나도 언젠가는 30여 년 전의 기억으로 자꾸만 뛰어 들어가는 날이 오겠지? 아버지 손을 잡고 발랄하게 뛰노는 나은이를 보니 그 시절 내 모습이 딱 저랬겠구나 싶어 뭉클해졌다. 천진난만한 아이는 그저 지금을 즐기기 바쁘다.

아버지에게는 최근 새로운 취미가 생겼다. 독서를 즐기게 되셨는데, 그러면서 새로운 사람들과 교류할 일도 늘어 일상에 활기를 찾은 것 같다. 집에 세로쓰기로 적힌 한국 현대문학 전집까지 눈에 띈다.

"난 요즘 내가 좋아하는 사람들에게 내가 다 읽은 책을 건네면서 십만 원도 주고 만 원도 주고 한다. '이 책 다 읽고 오면 십만 원 진짜 드릴게!' 하면서 말이야. 그럼 그중에 진짜 책을 읽고 오는 사람들이 있어. 내 생각과 같은 사람을 사귀는 일이 그보다 값지지 않니? 요즘 중년들은 손주 자랑하려면 만 원씩 내고 해야 해. 그 돈으로 함께 차도 마시고 서로 이야기도 들어주는 거지. 어때? 아빠가 이렇게 늙는다. 허허."

아버지와 다녀온 제주 여행 기념사진을 SNS에 공개하면서 살내의 꽃말을 달았다. 깊은 애정. 어떤 분이 내가 올린 사진을 보고 '그건 갈대가 아닌 억새풀'이라고 말해줬나. 억

새의 꽃말을 다시 찾아 보니 처음보다 더 어울리는 낱말이 나왔다. 은퇴. 삶의 무게를 자꾸만 보태던 과제를 비로소 끝내 후련해 보이는 아버지가 끝도 없이 펼쳐진 억새밭을 배경으로 나은이를 안은 채 웃고 있다.

아버지에게도 사진을 몇 장 보내 드렸다. 이렇게까지 환하게 웃는 아버지의 모습이 처음인 것만 같아서 머쓱했다. 사진을 확인하자 아버지는 대뜸 내가 보낸 책 이야기를 꺼내신다(사실은 끝까지 다 읽지 못해 자리만 차지하는 책들을 가끔씩 아버지에게 보낸다).

"왜 네가 보내준 책 말이야. 거기서 이런 말도 나오잖아. 플라타너스 줄기가 몇 미터냐, 그 굵고 높은 나무가 무엇을 위해 버티며 살았을까. 나무는 탁구공보다 작은 열매 하나를 위해 살아온 거야."

은퇴한 후 자신이 살아온 삶을 곱씹는 아버지의 모습이 어느 때보다 편안해 보인다.

05 모두가 잠든 계절

세상에서 가장 큰
눈사람을 만들었다

이야기 넷

내 무릎보다 조금 더 올라오는
아이들이 열심히 눈덩이를 굴리고 굴린다.

계절을 부르는 건 나무라는 말을 들은 적이 있다. 소생을 준비하려고 휴식을 부른 게 나무라는 이야기이다. 그래서 계절은 생태가 불러 만들어졌을 거라고 추측하기도 한다. 그 이야기를 들은 후부터 나 역시 사계절의 변화를 신비롭게 느끼기 시작했다.

겨울은 한자 겨울 동(冬) 자를 사용한다. 이 한자는 한복 저고리의 소매 끝, 둥그스름한 모양을 본떠 만든 글자라는 설도 있고, 나무의 밑동을 모방해 만든 갑골 문자에서 비롯되었다는 설도 있다. 마칠 종(終) 자에도 실을 의미하는 모양자 '糸(사)'와 '冬(동)'이 붙어 있는데, 이러면 끝, 마지막이라는 의미가 된다. 가느다란 실에 붙은 추위. 의미를 되새기면 잎을 떨구고 가지만 남은 나무의 모습이 떠오른다. 우리는 이 겨울이라는 단어 속에도 어김없이 자연, 나무가 들어가 있음을 알 수 있다.

나무는 겨울을 제대로 견디고 이듬해를 잘 살아내기 위해 잎을 물들인 뒤 떨어뜨린다. 잎이 진 자리에는 싹눈과 꽃눈이 만들어지고 그 위로 두꺼운 껍질 옷을 입는다. 그동안 이 '휴면눈'들은 자라기를 멈추고 잠을 자면서 적당한 때를 기다리는데, 나무가 살아가기 적당한 날씨가 찾아오면 잎을 내고 꽃을 피운다. 동물만이 아니라 식물도 겨울잠을 자기는 마찬가지였던 것이다.

모든 것이 멈춘 듯 보이는 계절, 겨울. 그 안에는 아직 생명의 끈을 놓지 않은 동물과 나무들이 숨어 있다. 목재 체험관 관장님은 늘 말씀하셨다.

"화천은 참 깊지요. 그래서 특별한 연이 닿지 않으면 아무나 쉽게 올 수 없는 지역이에요. 이곳을 방문하는 사람들도 처음 왔을 때의 마음과 두 번째, 세 번째 올 때의 마음이 참 다릅니다. 무언가를 나만의 것으로 만드는 과정에는 끈기와 노력이 필요해요. 바로 이 나무들처럼요."

겨울이 되자 우리 집 실내 식물들도 비실거린다. 창가에서 찬 공기를 잔뜩 마신 떡갈나무와 무화과나무는 죄다 입이 누렇게 떴고 선인장은 말라간다. 물을 주고 볕을 쪼이게 하고 기온을 맞춰줘도 크게 차도가 없다. 이유는 바람 때문이라고 했다. 환기를 자주 할 수 없는 겨울의 실내는 사람과 식물을 약해지게 만든다.

눈이 펑펑 오는 겨울날 아침, 큰맘 먹고 나은이는 친구와 눈사람을 만들기로 했다. 적당히 불어오는 눈바람을 맞으

이야기 밥

며 아이들은 까르르 웃었다. 코와 볼이 시린지 금세 빨갛게 물들었다. 한동안 집안에서만 갇혀 지내던 아이들이 답답함을 벗고 원 없이 눈을 밟고 뛰어다니는 모습을 보니 나도 속이 시원했다.

'이렇게 멋진 겨울이라니.'

발자국이 드물어 유난히 소복해 보이는 드넓은 눈밭 위에서 내 무릎보다 조금 더 올라오는 아이들이 열심히 눈덩이를 굴리고 굴린다. 떨어진 나뭇가지를 잘라 눈사람 눈썹도 만들고 제 모자도 씌워줬다. 목도리까지 둘러주자 눈사람도 제법 포근해 보인다.

06 엄마가 딱 너만 할 때 살았던 집
해안가 앞 작은 뜰에서

이야기 넷

나는 엄마의 눈물과 호된 야단,
뜨거운 사랑을 먹으며 자랐다.

아이와 둘이 보름간 제주살이를 마치고 육지로 올라온 날, 애써 강원도에서 최남단까지 내려왔는데 바로 최북단으로 향하기에는 아쉬움이 남았다. 그래서 발길 닿은 김에 내가 오랫동안 자란 포항 지역을 더 둘러보고 올라가기로 했다. 아이는 외할아버지를 '포항 할아버지'라고 부른다. 서울 할아버지와 할머니, 경주 할머니, 포항 할아버지, 제주도 산호언니까지 아이는 인연을 맞이할 때마다 자신만의 지도 위에 깃발을 꽂는다.

부모님이 부산에서 포항으로 이사 올 때 얻은 셋방에 가봤다. 내가 포항에 간다고 하니 친정아빠도 동행했다. 지금의 영일만해수욕장이 보이는 해안가에서 나는 자랐다. 나은이처럼 나도 네 살이던 때였다. 뒷문을 열고 골목 끝으로 달려가면 바다가 보이는 이 집에서 나는 일곱 살이 될 때까지 자랐다. 매일 아침 눈을 뜨자마자 아침을 먹은 후 맨발로 뛰쳐나갔다. 바닷가 모래를 밟는 것이 너무도 당연한 일상이었다.

내가 태어난 곳은 부산이다. 따뜻하고 부드러운 바람이 부는 계절이었다. 초록이 번지는 때에 태어난 애들은 몸도 마음도 튼튼하다는 어른들의 말에 엄마는 부푼 배를 안고 행복하게 나를 기다렸다. 만삭의 몸으로 셋방살이를 시작했던 그때의 엄마는 아직 삶의 고단함을 느끼지 못할 만큼 젊고 씩씩했다. 하지만 내가 엄마의 몸에서 벗어나기까지의 여정은 쉽지 않았다. 떠들썩한 행사가 많은 5월, 휴일인 어느 날 밤 나는 세상을 향해 노크를 시작했다.

엄만 사지가 묶인 채로 의사 선생님을 오래 기다렸고 경험이 부족한 간호사는 나오려는 내 머리와 얼굴을 양손으로 누르며 출산을 지연시키고 있었다. 엄마도 나도, 의사 선생님을 기다리는 동안 죽음에 가까운 고통을 느꼈다. 뒤늦게 도착한 선생님은 무사히 나를 받아냈고, 엄마는 내 얼굴을 보고 참았던 울음을 터뜨렸다. 간호사가 엄지손가락으로 누른 흔적이 내 얼굴에 고스란히 남아 있었기 때문이다.

핏덩이 얼굴에 맺힌 자국은 혈관종이라고 했다. 그래서인지 나는 꽤 오랫동안 뺨 한 쪽이 빨간 딸기 색깔이었다. 뭐가 그렇게 서러웠는지 아기 때의 나는 울음을 그치지 않았고 먹지도 자지도 않았다. 엄마도 딸기 같은 애를 안고 밤마다 눈물을 훔쳤다.

이웃과 친척들은 출산 때 겪은 충격 탓에 아이가 정상으로 자라지 못할 거라고 했다. 그런 염려 속에서 나는 자주 아팠다. 통과의례처럼 병치레를 하면서도 나는 점점 인간이 되어갔다. 내가 엄마의 젊음을 갉아먹으며 자라고 있다는 사실을 그때는 알지 못했다. 대통령, 과학자, 간호사, 작가… 나는 꿈이 많았지만 엄마 소원은 하나였다. 오로지 내가 밥을 잘 먹는 것. 내 건강 자체가 엄마의 꿈이었다.

 엄마의 간절한 바람 덕에 나는 건강히 자랐다. 이제는 내 소원도 엄마처럼 내 아이의 건강이 되었다. 나는 엄마의 눈물과 호된 야단, 뜨거운 사랑을 먹으며 자랐다. 포대기로 나를 업고 무단횡단을 하다가 경찰에서 붙잡혀 벌서듯이 두 손을 들고 "잘못했습니다"를 외치던 어리고 여렸던 엄마.
 어릴 때 살던 셋방을 둘러보며 내 젊은 엄마를 생각했다. 우리의 시절을 기억하는 엄마에 비하자면 내 기억 저장고는 절반에도 미치지 못할 것이다. 하지만 엄마 아빠가 있었기에 지금의 나은이를 만날 수 있었다는 사실에는 변함이 없다.
 내 유년 시절 중 가장 행복했던 이 셋방. 집주인은 이북에서 내려온 할머니였고, 나는 할머니의 오래된 재봉틀이 돌아가는 소리를 좋아했다. 주인집 안쪽으로는 개미굴처럼 셋방들이 이어졌고 우리는 모두 방문을 열고 살았다. 밥숟

가락이 몇 개인지 속옷이 몇 벌인지 다 드러내고 살았던 그 시절, 방마다 고만고만한 아이들을 혹처럼 달고 살았던 복잡한 풍경이 그리울 때가 있다.

"누구세요? 이 집 주인이세요?"

아버지와 이야기를 나누며 담 안으로 손을 뻗어 사진을 찍고 있을 때 남자들이 여럿 몰려왔다. 오늘 이 집이 철거된다고 했다.

"이 집이 너를 기다렸나 보다."

아버지의 말을 듣자 기분이 묘했다. 나은이는 담벼락 너머로 뭐가 있는지 궁금하다며 콩콩 뛰었고, 나는 나은이를 들어 올려 빈집을 구경시켜줬다.

"엄마가 딱 너만 할 때 살았던 집이야."

그때는 높고 넓었던 집이 지금은 너무 작고 초라했다. 그래도 내게는 어느 곳보다 멋진 유년의 뜰이 아닐 수 없다. 내 아이의 뜰인 화천으로 돌아오는 길, 올해 마지막 벚꽃을 봤다. 지각생도 환영한다는 강원도의 벚꽃이 우리에게 잘 다녀왔다고, 기다리고 있었다며 인사를 건넨다.

07 선한 영향력을 주고받는 관계
아이의 친구, 엄마의 친구

관계가 지속되려면 아이들도
엄마들도 서로 잘 통해야 한다.

이층집보다 높게 자란 해바라기를 보기 위해 넓고 반듯한 길을 놔두고 좁은 골목으로 자전거 머리를 돌렸다. 담장 옆 해바라기 앞에는 항상 할머니 세 분이 실내의자를 꺼내와 앉아 있다. 의자 모양이 다른 것으로 보아 각자 집에서 챙겨 나온 것 같다.

자전거로 이 길을 지날 때마다 여러 번 눈도장을 찍은 나은이와 나는 할머니들에게 꾸뻑 인사를 했다. 지나가는 행인들에게 늘 한마디씩 건네는 할머니들. 오늘도 우리가 지나는 순간 인사말을 하셨고, 아이는 해바라기 꽃송이처럼 고개를 쭉 돌려 할머니들을 바라본다.

'저 할머님들은 원래부터 친구였는데 마주보며 살게 된 걸까? 아니면 마주보며 살다가 친구가 되신 걸까?'

나은이에게도 반가운 동네 친구가 둘 있다. 네 살 인생 대부분을 함께한 첫 친구들이다. 아이가 15개월일 무렵, 제법 아장아장 걷고 달리기를 시도하려 할 때 읍내에 개설된 '엄마랑 아기랑' 수업을 들으며 만났다. 비슷한 또래의 아이를 키우는 엄마들은 아이의 오감 발달에 좋다는 말을 듣고, 매주 한 번 같은 시간에 이 장소로 모이게 된 것이다.

사실 나는 아이의 오감보다 그 또래 아이를 키우는 엄마들과 이야기를 나누고 싶어서 그 시간을 기다렸다. 첫 모임

때, 아이와 나에 대해 소개하던 순간에는 마치 대학 새내기라도 된 듯 들떴다. 약속이라도 한 것처럼 엄마들은 이름을 밝히지 않았지만, "○○의 엄마입니다"라고 자신을 소개할 때 미세하게 목소리가 떨렸다.

수업이 끝나면 엄마들은 자신을 빼닮은 아이를 데리고 삼삼오오 교실을 빠져나갔다. 함께 수업을 들은 아이들은 많았지만 관계가 깊어진 친구들은 많지 않았다. 아이들의 기질에 따라 어울리게 되는 친구가 갈리기도 했지만, 아이의 생활 리듬이 약속을 잡을 때 영향을 미치기도 한다.

'아이가 같은 또래'라는 공통분모로 쉽게 가까워지기도 하지만, 결국 그 관계가 지속되려면 아이들도 엄마들도 서로 잘 통해야 한다. '통한다'란 서로에게 '선한 영향력'을 미치고 있는 사이임을 의미한다.

나의 경우, 자신의 아이를 세상 기준에 맞춰 비교하지 않고 아이의 앞선 성장을 뽐내지 않는 겸손한 엄마, 요즘 육아 트렌드에 조금은 둔감한 엄마에게 주로 끌렸다.

한 분은 뒤늦게 결혼을 하고 아이를 낳아 키운 탓에 주변 엄마들보다 한참 언니였다. 유행에 뒤처질지는 몰라도 항상 지혜롭다는 느낌을 받았다. 기윤이네 엄마는 늘 내게 생각할 거리를 던져줬고, 삶을 긍정적으로 바라보는 인생

선배 같은 언니였다.

또 다른 엄마는 아직도 고등학생처럼 보일 정도로 앳된 소녀 같은 엄마였다. 자신의 이야기를 하기보다 다른 이의 이야기를 경청하는 편이었는데, 그렇다고 사람들에게 휘둘리지는 않았다. 알고 보면 자신만의 신념이 확고하고 모험심도 강했다. 주현이네 엄마는 무심한 듯 사람들을 챙겼고, 아이와 다양한 경험을 하는 것을 주저하지 않았다.

어린이집에 다니지 않는 나은이는 그 친구들과 자주 도서관에 갔다. 약속을 한 것도 아닌데 종종 마주쳤던 덕에 어울릴 기회가 많았다. 그 시간이 끝나면 어떤 아이는 낮잠을 자러가고 또 어떤 아이는 엄마와 밥을 먹으러 집으로 돌아갔다. 아이의 컨디션이 좋으면 함께 동네를 산책하기도 했다.

소나기가 내리던 여름날, 나은이와 기윤이는 함께 쌍무지개를 봤다. 산책에 나설 때만 해도 비를 예상하지 못해 두 집 모두 우산을 챙기지는 않았다. 기윤이네와 우리 집 중간 위치에 작은 공원이 하나 있는데, 우리는 그곳 정자에 앉아 한참 서로의 안부를 물었다. 기윤이는 볼 때마다 기특하다는 생각이 든다. 한 번도 유모차를 타본 적이 없는 이 아이는 어느 날에 만나면 앉았다 일어서기 운동을 반복했고, 매달리기도 즐겨 했다. 요즘 엄마들 사이에서 인기가 있는 육아용품이나 장난감도 가지고 있지 않지만, 누구보다 건강하고 영특했다.

언젠가 두 돌이 된 기윤이가 숫자 100을 세고 눈, 코, 입을 정확히 표시한 얼굴 그림을 그리는 걸 보고 놀라움을 감출 수 없었다. 기윤이 엄마의 육아는 기다림과 칭찬, 아이와 함께 걷는 산책이 거의 대부분을 차지했다. 그런 자연스러운 교육 방식을 옆에서 지켜보며 알게 모르게 많이 배웠고 나 또한 힘을 얻었다. 나은이가 세 살이 되던 해, 기윤이네는 다른 도시로 이사를 갔다.

화천 토박이였던 기윤이 엄마는 태어나서 처음으로 화천을 떠난다고 했다. 마흔이 넘은 자식을 이제야 진짜 시집보내는 기분이라던 언니네 친정엄마는 후련한 듯 말했지만, 사실 아쉬움이 짙어 보였다. 우리 가족에게 질기면서도 말랑한 심지를 심어주고 떠난 기윤이, 앞으로도 종종 만나며 선한 영향력을 주고받을 수 있기를 바란다.

이야기 밭

주현이 엄마 보람 씨는 여린 몸매에 잘 어울리는 원피스를 자주 입고, 늘 손바닥만 한 작은 핸드백을 메고 다닌다. 어느 날 그 작은 가방 안에서 불쑥 과도를 꺼내 보이며 내게 초록색 밤의 참맛을 알게 해주겠노라 말했다. 내게 밤 맛 한 번 보여주겠다고 칼을 준비해온 마음씀씀이가 예쁘장한 외모보다 더 곱게 느껴졌다. 덥석덥석 곤충도 잘 잡는 털털한 사람, 자연에 관한 지식이 해박하고 성격이 온순한 사람.

하늘소는 나무 속에서 3년을 애벌레로 살다가 여름에 나온단다. 밤에만 주로 활동한다고 알려졌는데, 이따금 잠이 없는 하늘소가 우리와 놀아주곤 했다. 언젠가는 보람 씨가 하늘소를 잡아 나은이에게 만져보라 건넨 적이 있다. 곤충학자 파브르 박사 뺨치는 이모 덕에 나은이는 매미, 방아깨비, 메뚜기를 구별하고 만질 수 있게 되었다.

화천에서 함께 아이를 낳고 기르던 이웃들은 언젠가 떠나기도 하고 편지가 되어 다시 돌아오기도 한다. 불편한 점이 많은 시골살이이지만 이렇게 좋은 이웃을 만나고 서로 영향을 주고받으며 환히 웃을 때면 사람들이 고향을 묻는 이유를 조금은 알 것 같다. 나고 자란 땅을 '엄마'라고 한다면 우리는 오래 떨어져 있다가 다시 만난 형제 같은 관계라고도 할 수 있지 않을까?

시골 장날, 장터에서 꽃을 구경하겠다고 기웃거리는 아이들을 어르신들이 한참 바라보신다. 흐뭇하게 아이들을 보다가 할머니들은 한마디 하신다.

"야야, 꽃보다 느그들이 더 이쁘다!"

08   메르시 Merci, 나은

우리는 각자 다른 이유로
파리를 동경한다

'모두가 희생하지 않는 삶',
그것이 진짜 가족이라는 사실.

세 번째 이사를 마친 첫날밤, 거실 창에 빨간 십자가가 여섯 개나 걸렸다. 나은이는 십자가 개수를 헤아리며 에펠탑이 여섯 개 있다고 말했다.

"나은아, 그럼 여기가 프랑스야?"

"저 산 너머가 프랑스고 우리 집은 대한민국이야."

우리 가족은 각자 다른 이유로 파리를 동경했다. 아이는 마카롱과 그림책 캐릭터 추피 덕에 파리를 알게 되었다. 나와 남편은 4년 전과 10년 전에 함께 파리를 여행한 적이 있다. 곳곳에서 추억을 만들었기 때문인지 확실히 '사랑의 도시, 파리'란 말이 전혀 어색하지 않다.

내겐 늘 예술과 낭만의 도시일 것만 같았던 파리. 하지만 출산 후에는 조금 다른 시선으로 보기 시작했다. 각종 육아서와 다큐멘터리로 접하는 프랑스는 독특한 육아 방식과 신념을 가지고 있는 듯 보였다. 나는 그 실체를 가까이에서 살펴보고 싶었다. 직접 프랑스에서 육아를 하고 있는 엄마, 그곳에서 자라는 아이들을 보고 싶었던 것이다.

'파티에 가고 싶으면 드레스를 사라'는 말이 있다. 그래서 덜컥 파리로 가는 비행기 표를 샀다. 우리는 겁도 없이 네 살 꼬마 숙녀를 모시고 열흘간 파리 여행을 떠나보기로 했다. 때는 6월이었다. 셋이 나란히 앉은 비행기 좌석은 생각보다 비좁았다. 서로 어깨와 다리를 포갠 채로 16시간을 날아갔다. 아이가 인내하기에는 긴 시간이었고 비행기라는 공간 자체도 매우 협소했다.

지루해서 칭얼거려도 내릴 수가 없으니 신경을 곤두세워 아이와 놀아줘야 했다. 장난감, 책을 꺼내보기도 하고 평소에는 잘 주지 않는 사탕, 초콜릿도 먹게 해줬다. 아이라도 편하게 자게 하려고 남편은 거의 서 있거나 아이를 안은 채 앉아 있어서 통 움직이지 못했다.

힘겹게 도착한 파리는 막 아침이 시작되고 있었다. 6월의 파리는 하루 안에 사계절을 모두 만날 수 있을 만큼 변덕스러운 날씨이다. 비바람이 태풍 급으로 휘몰아치다가 초 단위로 햇살이 퍼지기도 한다. 도착한 순간에는 바람이 파리를 모두 날려버릴 기세로 불고 있었다. 공항을 나서려는 여행자들은 모두 난감해 보였고, 바람 앞에 속수무책인 인간들은 인종과 나이를 불문하고 서로 눈을 마주치면 헛웃음 쳤다.

처음 탄 파리의 지하철, 나은이가 앉은 자리 옆에는 한 소녀가 앉아 있었다. 십 대 정도로 보이는 그 친구는 나은이와 눈을 맞추며 수줍게 미소 짓다가 말을 꺼냈다.

"중국인도 아닌 것 같고 일본인이랑도 다르다는 걸 느꼈

토까랑 지구 여행

어. 넌 한국에서 왔구나? 정말 귀엽다."

프랑스 소녀에게 나은이는 배워온 대로 "메르시(고마워)" 하고 대답했다. 그것이 아이가 파리를 향해 건넨 첫 인사였다. 그제야 우리 가족은 긴장이 풀리는 것 같았다. 16시간을 날아와 우리가 처음 한 일은 회전목마를 타는 것이었다. 에펠탑 앞에 있는 회전목마에 아이와 둘이 올라 거센 바람을 맞으며 뱅글뱅글 돌았다. 같은 자리를 맴도는 회전목마는 어른인 우리에게만 시시했지 나은이에게는 그렇지 않았다. 아이는 동네 작은 공원마다 목마를 발견해 크고 작은 차이를 분석하며 꼭 타봐야 한다고 주장했다.

나은이는 회전목마를 타러 파리에 온 사람처럼 보였다. 표는 재활용이 가능한 플라스틱 칩이었고 아이들 모두 자기가 탈 말을 고르기 위해 고심했다. 줄을 서서 입장하며 검표원에게 칩을 내밀었다. 회전목마가 돌아가는 동안에 대개 부모들은 멀찍이 떨어져 벤치에 앉아 있었다. '엄마 여기 있어. 불안해하지 마!'라고 말하는 듯 웃으며 손을 흔들어줄 뿐이었다. 프랑스 아이들의 대상영속성은 이렇게 발달하는 건가 싶었다. 잠깐의 불안을 견디면 다시 엄마 얼굴이 보이는 반가움. 같은 자리에서 자기를 향해 웃어주고 손을 흔드는 부모를 바라보며 아이들은 믿음을 쌓아가는 것 같았다.

이번엔 엄마의 소망을 실현할 시간이었다. 프랑스의 리얼 육아를 보고 싶었던 나는 파리에 사는 꼬마 숙녀 꺄미를 키우는 한국 엄마 나진 씨를 만났다. 그녀는 내가 「그린마인드」 매거진을 만들 때부터 나에 대해 알고 있었다고 했다. 나진 씨는 한국인이지만 프랑스에서 산 세월이 어느덧 자기 인생의 절반을 뛰어넘었다고 했다.

가부장적이고 엄한 아버지 밑에서 자란 그녀는 머릿속에 가득 찬 생각을 말로 표현하기를 좋아했다. 이런 딸아이를 유심히 지켜보며 기질을 파악한 어머니는 나진 씨를 파리로 보내기로 결심했다. 유모차를 밀며 담담히 이야기했지만, 그 틈틈이 엄마를 그리워하는 표정이 역력했다. 좁은 골목을 앞서 걸으며 그녀는 우리를 프랑스 가정식 식당으로 안내했다.

식사를 하면서 꺄미와 나은이는 금방 친해졌다. 나은이가 꺄미의 손을 잡고 식당 이곳저곳을 탐색했지만, 나진 씨는 조용히 주의를 주되 강압적인 태도를 보이지는 않았다. 우리 옆 테이블에도 비슷한 또래의 아이가 앉아 있었는데, 나은이와 같이 놀고 싶어 하는 것 같았다. 내친김에 나는 파리에도 노 키즈 존이 있는지 물었다.

"아뇨, 없어요. 우리 모두가 아이였던 시절이 있었던 것처럼 아이답게 자라는 과정을 존중하거든요."

우리의 눈과 손은 아이를 챙기느라 바빴지만 서로를 향해 귀를 열고 수다를 이어갔다. 본격적으로 프랑스식 어린이집 문화, 육아 방식 등에 대해 물었다.

"프랑스의 유아 교육 기관은 크레시crèche라고 하는데요, 보통 생후 2개월부터 학교 입학 전까지 다녀요. 두 살 반부터 입학이 가능한 에콜 마테르넬école maternelle는 우리나라식으로 생각하면 유치원인데, 프랑스에서는 말 그대로 '학교'예요. 꺄미는 제가 프리랜서로 일할 때 태어나서 다른 애들보다 조금 늦은 5개월 때부터 크레시에 다녔어요. 첫아이였고 아는 것이 하나도 없었던 때라 정말 크레시와 함께 아이를 키워갔죠."

초반 몇 개월 동안은 주로 크레시 선생님들이 초보 엄마 아빠를 안심시키고 아이가 자라는 과정을 체계적으로 설명해준단다. 아직 만 1세가 되지 않은 아이들 반은 정해진 일과대로 움직이기보다 아이들의 리듬을 고려하는 게 최우선이 된다. 그 이후에는 아이들이 좋은 습관을 익히도록 하면서 점심-낮잠-간식 패턴을 만들어준다.

토끼랑 지구 여행

1세 반 정도가 되면 두 번째 학년으로 올라가게 되는데, 이 아이들은 옹기종기 모여 지저분하게 음식을 먹는다. 각자 능력껏 떠먹도록 두는 게 인상적이었다고 한다. 그때 나진 씨는 '아, 우리 아이가 이런 것도 가능하구나. 내가 지금껏 너무 아기로만 봤었나?' 하는 생각을 했단다.

　"처음엔 기지도 못하고 천장만 보며 누워 있는 아이를 다른 아이들 사이에 놓고 오는 것만 같아서 얼마나 힘들었는지 몰라요. 그런 생각이 들 때마다 선생님들이 늘 조언을 해 줬어요. 아니다, 이게 다 과정이다. 아이는 괜찮은데 원래 엄마가 제일 힘든 법이다. 이렇게 하는 게 모두에게 좋은 거다. 그런 말들이 점차 교육 기관에 대한 신뢰로 이어졌던 것 같아요."

　그것 외에도 크레시에서는 여러 가지 규칙이 있다. 들으면서 가장 인상 깊었던 부분은 갓난아이에게도 항상 의견을 묻는다는 것이었다. 대변을 봐서 냄새가 폴폴 풍기는데도 아이 기저귀를 능숙하게 갈기보다 아이에게 "응가 했어?" 하고 물은 뒤 처리를 한단다. 이는 아이의 인격을 존중하는 과정이라고 했다. 조금 더 자라 걷게 되면 아이는 선생님과 함께 빵을 사러 외출하기도 하고, 도서관에 따라가 책을 빌려올 수도 있다. 나진 씨는 이런 모습을 통해 '크레시는 결국 아이들에게 사람들과 함께 사는 방법을 가르쳐주는 곳이구나' 하는 인상을 받았다고 한다. 무엇보다 엄마가 없는 곳에서도 아이는 쑥쑥 자라고 있음을 깨달았다.

"아이는 나의 일부가 아니라 하나의 인격체라는 사실, 그 상태로 사회생활을 시작하게 해주는 곳이에요. 크레시에서는 그 사실을 아이와 부모에게 항상 똑같이 인지시켜요."

그녀는 프랑스 사회 전체가 엄마가 여자로서의 삶으로 돌아가는 과정을 응원해주고 있다고 말한다. 이런 제도적 측면의 이야기는 들으면 부러워질 수밖에 없다. 프랑스 엄마들이 조금 더 행복하게 육아를 할 수 있는 가장 큰 비결 역시 제도에 있었는데, 우리나라와 크게 다른 부분은 교육이었다. 교사들의 처우 개선과 교사 양성 교육에 힘을 쏟고 있는 기반에 차이가 컸다.

"한국은 아이를 엄마가 직접 돌보지 않았을 때 생길 수 있는 여러 문제들에 대해 지나치게 예민한 것 같아요. 엄마들뿐 아니라 사회적 편견과 오해도 매우 아쉬운 부분이에요. 꺄미는 아침에 집을 나설 때 자기도 일하러 간다고 말해요. 주어진 하루를 열심히 보내는 게 자신의 일이라고 생각하거든요. 그럴 때마다 저는 이런 마음이 들어요. 그래, 내가 완벽하지 못해도 괜찮아. 아이는 나 혼자 키우는 게 아니니까."

 나진 씨는 프랑스 육아를 한마디로 정의하면 '엄마는 엄마 삶, 아이는 아이 삶, 아빠는 아빠 삶'이라고 말했다. 이 말이 서로를 분리해서 생각하자는 의미는 아니었다. '모두가 희생하지 않는 삶', 그것이 진짜 가족이라는 사실을 말해주고 있었다.

 긴 시간 꺄미 엄마의 말을 들으면서 프랑스식 육아 관련 제도나 사회 분위기가 부럽지 않았다면 거짓말이다. 그렇다고 한국의 사회적 분위기가 다 바뀔 때까지 제도만 탓하며 기다리기엔 우리의 육아 시절은 짧고, 아이는 기다려주지 않는다는 게 문제였다. 그러니 마련된 제도를 최대한 활용하면서 가족 구성원 모두의 질 높은 삶, 균형을 추구하는 일에 죄책감을 가지지 않는 게 먼저라는 생각이 들었다.

 꺄미 엄마는 꺄미가 자신처럼 생각이 많은 사람, 그걸 말로 표현하는 데에 두려움을 느끼지 않는 당당한 사람으로 자랐으면 좋겠다고 했다. 자기 그대로의 모습을 사랑하고 또 사랑받으면서 건강하게만 자라주면 더 바랄게 없을 거란다. 모든 엄마의 소망은 이렇게 결이 같다.

 식사를 마친 후 우리는 아이들이 뛰어놀기 좋은 공원으로 가 함께 걸으며 다채로운 날씨를 경험했다. 따사로운 햇볕과 급작스러운 우박, 세찬 비바람을 맞으며 추억을 쌓았고, 한국에서의 두 번째 만남을 기약했다.

 여행하는 동안 잠깐씩 바람이 잠잠했다. 특히 아이와 함께 디즈니랜드에 간 날에는 머물렀던 기간 중에서 가장 날씨가 좋았다. 나은이는 수많은 사람들 앞에서 화천초등학교 바자회에서 2천 원을 주고 산 다 해진 백설공주 드레스를 입고 화려한 춤을 선보였다. 지나가던 할머니들은 멈춰 서서 박수와 환호를 보냈다. 엄마인 내 마음은 진심으로 민망했지만, 이게 아이가 가진 기질이라면 함부로 꺾지 않기로 했다. 아이의 이런 기질이 세상을 살아가는 생존 무기가 될 테니 말이다.

 남편과 10년 전 들렀던 예술의 다리, 퐁네프 다리를 건넌 날에는 이래저래 감회가 새로웠다. 10년 전, 깜깜한 밤 조명 아래에서 남편과 반짝이는 센 강을 바라보던 날에는 이런 생각을 했었다.

 '10년 후 우리는 어떤 삶을 살고 있을까? 여기 함께 앉아 있는 청춘들처럼 여전히 서로 사랑하고 있을까?'

그때는 변치 않는 사랑이 가장 큰 염원이었다. 가난한 배낭여행객이었던 우리는 파리에서 제법 떨어진 뇌이 플레장스Neuilly-Plasance 역에 숙소를 잡았었다. 여행하는 내내 막차 시간을 확인하며 두근거리는 마음으로 환승을 했었는데, 지하철역으로 뛰어가면서도 뭐가 그리 좋은지 소리 내어 웃던 우리였다.

파리에 머무는 동안 식당에서 제대로 된 밥 한 끼 사 먹지 못했던, 마트에서 산 바게트를 씹으며 눈이 마주칠 때마다 씨익 웃으며 뽀뽀를 나누던 그들이 부모가 되어 다시 이곳에 왔다. 다리 위에서 발랄하게 춤을 추는 나은이를 바라보며 나는 우리의 과거와 현재, 미래를 생각했다.

09 호랑이보다 반가운 여름 손님

국적과 나이가 달라도
우리는 친구입니다

이렇게 소중한 친구, 특별한 인연을
사랑하지 않을 이유는 없다.

여름 손님은 호랑이보다 무섭다 했다. 하지만 우리는 매년 피서 철이 되면 자진해서 손님들을 화천 별장(?)으로 초대하곤 한다. 첩첩산중 시골생활이 조금 단조롭게 느껴질 때, 맑고 차가운 계곡과 진녹색 병풍산을 우리만 감상하기 아깝다고 느껴질 때, 우리는 가족과 친구들을 초대하고 기다린다. 특별히 오지에 살고 있는 것은 아니지만 이제 만남은 계기와 결심, 어느 정도의 노력으로 이루어진다는 사실을 알고 있기 때문이다.

여름철 별장지기를 자처하면 친구들에게 여행 계기를 마련해줄 수 있고, 나 또한 자연을 핑계 삼아 보고 싶은 이들을 만나게 된다. 손님들이 몰고 온 이야기와 그들에게서 묻어나는 공기는 내 삶과는 분명 다르기에 만남 자체만으로도 마음에 대류가 일어난다. 반복된 일상, 정체된 듯 답답한 마음에 맞바람이 불면서 환기가 되는 그 느낌이 좋다. 꺄미는 가장 멀리서 날아온 올여름 마지막 손님이었다.

6월 파리에서 만난 꺄미를 3개월 만에 다시 만날 수 있게 된 계기도 여름 덕이다. 꺄미네 가족은 매년 여름마다 한 달 동안 한국에 머문다고 했다. 그 한 달 동안 꺄미는 1년간 적립해둔 외할아버지와 외할머니 사랑을 듬뿍 받아 충전을 하고, 엄마의 나라도 느끼고 돌아간다. 가끔은 한 달 내내 온 가족이 국내 이곳저곳을 여행하며 추억을 쌓기도 한단다. 이번에는 그 여행지가 화천으로 정해졌다.

"꺄미! 이번엔 나은 언니가 있는 화천으로 가자! 꺄미 아빠도 화천 여행을 무척 기대하고 있어요!"

꺄미네 가족은 비행기를 타고 12시간 이상을 날아와 가장 먼저 본가가 있는 서울에 들렀다. 그리고 강원도 화천으로 올 때, 꺄미네 아빠가 처음으로 한국에서 운전을 시도했다. 구불구불 낯선 강원도 도로를 달려 무사히 화천 별장에 도착한 꺄미네 가족들. 꺄미 아빠와는 나도 초면이었다.

"엉성떼Enchante(만나서 무척 반갑습니다)!"

"꺄미 아빠가 아침에 그랬어요. 애들 무슨 옷 입을지 서로 정했냐고요."

"어머 정말요? 꺄미 아버지 섬세하셔라!"

두 꼬마 숙녀는 약속이라도 한 듯 잔잔한 체크무늬 옷을 입고 있었다. 둘은 금방 가까워져서 손을 잡고 걸었다.

점심은 한정식으로 준비했다. 따끈한 솥밥을 나눠 먹으며 우리는 자연스럽게 친구에 관한 이야기를 나눴다. 꺄미가 나은이 덕에 '친구'라는 우리말을 배웠다는 게 이야기의 시작이었다.

"나은이가 나이를 불문하고 동네 아이들에게 다가가 '친

토카탕 지구 여행

구야 같이 놀자' 하면 그 자리에 있던 어른들 중 열에 아홉은 서열을 정리해요."

"친구 아니고 언니야" 한다거나 "동생이야"라고 고쳐주면 나은이는 시무룩해진다. 그러면 나는 아이에게 다가가 "나은이보다 어려도 친구가 될 수 있어. 동생 친구, 언니 친구, 오빠 친구. 어른과도 친구가 될 수 있어"라고 답해준다.

꺄미 엄마도 내 말에 공감했다. 특히 프랑스는 다양한 인종과 연령의 아이들이 함께 교육을 받는 경우가 많다 보니 기관에서도 어울림을 가장 중요하게 생각한다고 했다. 아이들에게 백인 인형을 사주는 부모는 없다는 말도 덧붙였다. 오히려 흑인 인형을 많이 사주는 편인데, 아주 어릴 때부터 이런 교육을 받기 때문인지 자라면서 차별 없이 친구들과 어울리는 법을 익힌단다. 그리고 보면 친구의 넓은 의미를 깨닫기까지 나도 꽤 오랜 시간이 걸렸다.

우리는 식사를 마치고 화천 곳곳을 돌아봤다. 화천의 명소이자 나은이가 즐겨 찾는 '숲으로 다리' 위에서 둘은 함께 돌멩이를 던지며 깔깔깔 웃었다. 아이들은 옷을 입은 채 맑은 강물 속으로 들어가 물놀이를 한 후 몸을 말렸다. 해질 무렵에는 아를테마 수목공원으로 가서 퀵보드를 타며 달렸다. 한 살 어린 꺄미는 조심조심, 이미 퀵보드를 마스터한

나은이는 씽씽, 쌩쌩. 해가 넘어가서 어둑해질 무렵까지 아이들은 땀을 내며 뛰어놀았다.

아이들 못지않게 엄마 아빠도 하루 종일 뛰어다닌 것 같다. 시간이 빨리 흐르는 것을 아쉬워하며 저녁을 먹었는데, 어른들은 잠시 멈췄던 수다를 냉큼 이어갔다. 꺄미 아빠는 프랑스 한 매거진 회사에서 아트디렉터로 일하고 있다고 했다. 내게 다시 매거진 작업을 시작할 생각이 없는지, 그동안에는 어떤 식으로 작업을 진행해왔는지 등을 물었다. 마음에 바람이 불었다. 여러 질문을 받고 답하는 사이 잠자고 있던 내 꿈이 다시 기지개를 펴는 느낌이었다.

엄마들은 더 늦게까지 이야기를 나누었다. 주제는 육아와 지구 환경 문제까지 넘나들었고, 나는 마침 꺄미에게 주려고 작아진 나은이 옷이나 신발 등을 담고 있었다. 이제는 입힐 수 없어 물려주는 이 옷들을 꺄미 엄마가 고마워해주니 나도 기분이 좋았다.

"프랑스 사람들은 여전히 공정무역에 관심이 많아요. 저도 자연스럽게 내가 사용하는 물건을 누가 어디서 만들었는지, 그 사람들에게 정당하게 임금이 지불되고 있는 건지 관심을 갖게 되더라고요. 이제 환경에 대한 관심은 선택이 아닌 생존의 문제잖아요."

신발장 앞에 앉아서 이어가던 엄마들의 긴긴 대화는 양쪽 집안 남편들의 만류로 마무리되었다. 이제는 진짜 아이들이 자야 할 시간이었다.

다음 날 꺄미가 기념할 수 있는 물건을 가지고 돌아갔으면 해서 '산천어 등'을 만드는 공방을 찾았다. 만들기를 마치고 공방을 구경하는 동안 꺄미는 나은이가 만지는 등의 버튼을 본인도 눌러보고 싶다며 떼를 썼다.

꺄미 엄마 아빠는 순서를 기다려야 한다고 여러 번 아이에게 설명하며 상황을 이해시키려 했다. 단호하게 말했지만, 화를 내거나 강압적이지는 않았다. 아이가 스스로 감정을 조절할 때까지 기다려주는 것 같았다. 꺄미는 곧 마음이 풀렸고 우리는 웃으면서 공방을 나왔다.

"물고기는 프랑스어로 뭐라고 해요?"

"물고기는 '푸아송poisson'이라고 해!"

나은이가 묻자 꺄미 엄마가 답했다. 꺄미가 나은이에게서 '친구'를 배운 것처럼 나은이는 꺄미 덕에 '푸아송'을 배웠다. 언젠가 나은이가 파리에 가서 공부를 하고 싶다고 하면 이제는 멀고 낯선 파리가 아니라 친구가 사는 동네로 느껴지겠구나 싶어서 한결 마음이 놓였다. 꺄미 엄마도 나와 같은 마음이라고 했다.

"꺄미가 나중에 한국에서 살고 싶어 할 때 불편하지 않도록 한국의 정서와 언어를 모두 알려주고 싶어요. 파리에서 태어나 한국에서 산다는 건 정말 멋진 일이잖아요. 심지어 꺄미 아빠도 노후에는 제주도에 정착해 크레이프 가게를 하고 싶대요. 크레이프는 만들 줄도 모르면서!"

기분 좋게 웃으면서 나는 다시 한 번 친구의 의미를 떠올렸다. 우리는 아이들을 키우며 화천이든 파리든 그 어디에서라도 옷깃을 스치며 살아가게 될 것 같다는 예감이 들어서였다. 이 순간, 이렇게 다 같이 모여 이야기를 나누기까지 우리에게 얼마나 많은 우연이 있었을까? 어떤 기회를 잡고 놓치며 여기까지 왔을까? 이렇게 소중한 친구, 특별한 인연을 사랑하지 않을 이유는 없다. 한 가족을 떠나보내고 집으로 돌아오자 하늘에서 보슬비가 내리기 시작했다.

꺄미네 가족이 떠난 뒤 내 마음에 큰 바람이 불었던 것처럼 여름이 끝날 무렵, 거대한 태풍이 지나갔다. 이제는 또 가을이 오려고 한다.

토끼랑 지구 여행

마치는 글

내 바통을 건네받아
이어달리기를 하는 아이

육아 시절의 절정은 만 3세까지가 아닐까 싶다. 그 기간 동안 나는 대체로 잠을 푹 이루지 못했다. 어떤 날은 아이의 눈이 너무 예뻐서 또 언젠가는 아이가 쉬지 않고 몸을 뒤집어서. 아이의 잇몸을 뚫고 이가 올라와서, 밤새 열이 나서, 다리가 아프다고 울어서, 이불에 지도를 그려서, 옆에 두고도 엄마를 계속 찾아서….

지난 시간들을 정리하던 중 아이의 모습 뒤에 있는 내게도 눈길이 갔다. 아이와 함께한 내 모습들이 예뻐 보인다. 나날이 늙어가는 엄마이지만, 심지어 어느 날은 모든 게 힘에 부쳐 잔뜩 울상을 짓고 있지만 그럼에도 그날의 내가 더없이 예쁘다.

세 살 아이를 키우는 선배가 백일 정도 된 나은이를 보며 했던 말이 떠오른다. "아기가 참 순하네~ 우리 집 아이도 그땐 그랬는데…" 선배 아이는 그 말이 끝나자마자 흙바닥 주차장에 드러누워 울음을 터뜨렸다. 그땐 미처 깨닫지 못했는데, 나은이를 이만큼 키워 놓으니 다른 엄마들의 걱정과 조바심 같은 마음이 더 깊이 보이기 시작한다.

아이의 발달 과정을 꽃에 비유하고 싶다. 봉오리를 뚫고 꽃을 피우는 시기가 조금씩 다를 뿐, 잘나거나 못난 아이란 없는 것 같다는 게 내 생각이다. 그건 엄마들도 마찬가지이다.

지난 4년간 아이와 산책하며 계절이 하는 일을 살폈다. 여름날 자전거를 타고 사과밭을 지나는데 나은이가 외쳤다. "엄마! 꽃이 진 자리마다 아기 사과가 달렸어요!" 아이는 보이는 대로 말했을 뿐인데, 나는 아이의 말이 너무 예뻐 가슴에 담아뒀었다. 30여 년 동안 반복된 나의 사계절은 뻔하고 지겨웠지만, 아이가 새로 읽어주는 계절 덕에 다시 삶이 재미있어졌다. 매일 아이를 앞세워 걷게 하며 산책을 다니는 내게 친정엄마는 말씀하신다.

"돌아 보면 그 시절이 애미도 자식도 제일 예뻐. 충분히 잘하고 있어. 그게 다야."

엄마의 문자 속 문장은 종종 받침이 날아가거나 주어나 목적어가 빠져 있다. 그래서 오히려 내게 더 완벽한 말로 다가온다. 육아는 꼭 날씨 같다는 생각을 해본다. 매일 같은 날이 하루도 없다. 나는 여전히 여러 권의 육아서를 뒤적이며 내 아이의 성장을 가늠하느라 바쁘지만, 이제는 어렴풋이 알고 있다. 아이는 절대 책대로 자라지 않을 거라는 사실을.

딸이 낳은 딸이 어디론가 뛰어가는 모습을 볼 때마다 친정엄마는 머리를 젖히며 물개박수를 친다. "어쩜 뛰는 모습까지 영판 지 애미일까. 달리는 모습까지 닮았네." 그 소리를 듣고 보니 아이가 뛰는 모습마저 예사로 보이지 않는다. 마치 아이가 내 바통을 건네받아 이어달리기를 하는 것처럼 느껴지는 것이다. 가벼운 아이가 진지하고 힘차게 달릴 때마다 내 가슴이 아이가 밟는 땅바닥처럼 콩콩 울리는 것 같다. 온종일 어미의 가슴 속에서 뛰어다니던 아이를 재울 때 나는 마음으로 생각했다. '오늘의 나은이, 잘 가.' 그렇게 인사를 하고 돌아서면 아이와의 시간이 더욱 소중하게 느껴졌다.

너무 잘하려고 애쓰며 사는 내게, 나의 젊음과 아이의 사랑스러움을 때때로 놓치며 사는 내게 친정엄마는 문자를 보낸다. "그냥 토끼처럼 다람쥐처럼 살아라"라고. 지난 4년간 힘이 들 때마다 내게 위로가 된 말이었다. 어제의 추억으로 애써 위안 받지 말고 다가오지 않은 미래를 미리 걱정하느라 오늘의 행복을 미루지도 말라는 뜻 같다.

나의 작은 기록도 친정엄마의 말씀처럼 친구들 그리고 나은이에게 지혜와 기쁨이 되길 바라며 아쉽지만 글을 마친다. 육아 동지 남편과 화천에서 육아 사계절을 함께 누리고 있는 친구들에게도 이 자리를 빌어 감사의 인사를 전한다.

못다 한 이야기

#나은사계절
우리가 가장 아름다웠던 날들

발가락 사이에 바다 모래가
들어가도 웃을 것,
봄이 되면 쑥을 캘 것.

여름이 오면 높이에 상관없이 가까운
산에 올라 땀에 젖은 몸을 말릴 것.

예쁘게 마른 가을 낙엽을 주워
실로 묶어 모빌을 만들 것.

첫눈이 오면 눈사람을 만들어 냉동실에 보관할 것,
그리고 냉장고 문을 열 때마다 환하게 웃을 것.

육아가
한 편의 시라면
좋겠지만

펴낸날 초판 1쇄 2020년 3월 2일 | 초판 4쇄 2020년 8월 20일

지은이 전지민

펴낸이 임호준
본부장 김소중
책임 편집 박햇님 | **편집** 김유진 고영아 이상미 현유민
디자인 김효숙 정윤경 | **마케팅** 정영주 길보민
경영지원 나은혜 박석호 | **IT 운영팀** 표형원 이용직 김준홍 권지선

인쇄 (주)웰컴피앤피
표지 일러스트 김근예

펴낸곳 비타북스 | **발행처** (주)헬스조선 | **출판등록** 제2-4324호 2006년 1월 12일
주소 서울특별시 중구 세종대로 21길 30 | **전화** (02) 724-7633 | **팩스** (02) 722-9339
포스트 post.naver.com/vita_books | **블로그** blog.naver.com/vita_books | **인스타그램** @vitabooks_official

ⓒ 전지민, 2020

이 책은 저작권법에 따라 보호를 받는 저작물이므로 무단 전재와 무단 복제를 금지하며,
이 책 내용의 전부 또는 일부를 이용하려면 반드시 저작권자와 (주)헬스조선의 서면 동의를 받아야 합니다.
책값은 뒤표지에 있습니다. 잘못된 책은 바꾸어 드립니다.

ISBN 979-11-5846-320-5 13590

- 이 도서의 국립중앙도서관 출판예정도서목록(CIP)은 서지정보유통지원시스템 홈페이지(http://seoji.nl.go.kr)와
  국가자료공동목록시스템(http://www.nl.go.kr/kolisnet)에서 이용하실 수 있습니다. (CIP제어번호:CIP2020006311)

- 비타북스는 독자 여러분의 책에 대한 아이디어와 원고 투고를 기다리고 있습니다.
  책 출간을 원하시는 분은 이메일 vbook@chosun.com으로 간단한 개요와 취지, 연락처 등을 보내주세요.

  비타북스는 건강한 몸과 아름다운 삶을 생각하는 (주)헬스조선의 출판 브랜드입니다.